WORLD ALMANAC
BIBLIOTECA DE LOS ESTADOS

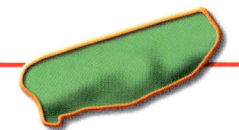

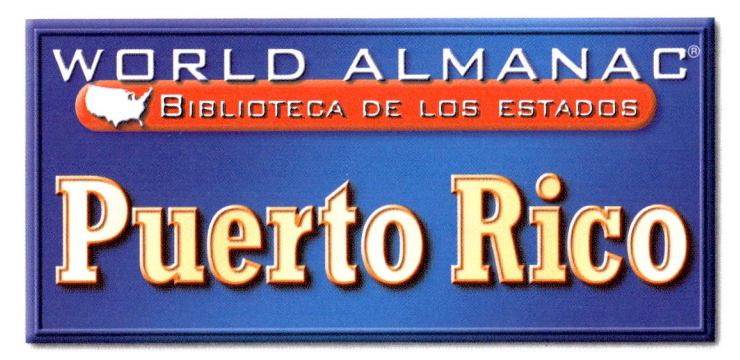

Puerto Rico

Y OTRAS ÁREAS PERIFÉRICAS

por Michael Burgan

WORLD ALMANAC® LIBRARY

Please visit our web site at: www.worldalmanaclibrary.com
For a free color catalog describing World Almanac® Library's list of high-quality books and multimedia programs, call 1-800-848-2928 (USA) or 1-800-387-3178 (Canada). World Almanac® Library's fax: (414) 332-3567.

Library of Congress Cataloging-in-Publication Data available upon request from publisher. Fax (414) 336-0157 for the attention of the Publishing Records Department.

ISBN 0-8368-5726-7 (lib. bdg.)
ISBN 0-8368-5731-3 (softcover)

First published in 2005 by
World Almanac® Library
330 West Olive Street, Suite 100
Milwaukee, WI 53212 USA

Copyright © 2005 by World Almanac® Library.

A Creative Media Applications Production
Design: Alan Barnett, Inc.
Copy editor: Laurie Lieb
Fact checker: Joan Verniero
Photo researcher: Linnette Mathewson
World Almanac® Library project editor: Tim Paulson
World Almanac® Library editors: Mary Dykstra, Gustav Gedatus, Jacqueline Laks Gorman, Lyman Lyons
World Almanac® Library art direction: Tammy West
World Almanac® Library graphic designers: Scott M. Krall, Melissa Valuch

Photo credits: pp. 4-5 © Bruce Coleman; p. 6 (left) © John Elk III; p. 6 (top right) © John Elk III; p. 6 (bottom right) © John Elk III; p. 7 (top) © Frank Borges Llosa Photography; p. 7 (bottom) © Tom Till; p. 9 © John Elk III; p. 10 © North Wind Picture Archives; p. 11 © North Wind Picture Archives; p. 12 © Tom Till Photography; p. 13 © AP Photo/Richardo Figueroa; p. 15 © Bruce Coleman; p. 16 © AP/Wide World Photos; p. 17 © AP Photo/Tomas van Houtryve; p. 18 (left) © Bruce Coleman; p. 18 (center) © Stuart Westmoreland/CORBIS; p. 18 (right) © Bruce Coleman; p. 19 (left) © Bruce Coleman; p. 19 (center) © John Elk III; p. 19 (right) © ArtToday; p. 21 © Tito Guzman/CORBIS SYGMA; p. 24 © Bruce Coleman; p. 25 © AP/Wide World Photos; p. 27 © John Elk III; p. 29 (top) Courtesy of Luis Muñoz Marín Foundation, Puerto Rico; p. 29 (bottom) © AP Photo/Lynne Sladky; p. 30 © John Elk III; p. 31 © John Elk III; p. 32 © Photri, Inc.; p. 33 © Ulrike Welsch; p. 35 © Hulton Archive/Getty Images; p. 37 (left) © AP/Wide World Photos; p. 37 (right) © AP/Wide World Photos; p. 38 © AP/Wide World Photos; p. 39 © Corbis Images; p. 40 © Corbis Images; p. 41 © Corbis Images; pp. 42-43 © North Wind Picture Archives; p. 44 top) © AP/Wide World Photos; p. 44 (bottom) © AP/Wide World Photos; p. 45 (top) © Bruce Coleman; p. 45 (bottom) © AP/Wide World Photos

All rights reserved. No part of this book may be reproduced, stored in a retrieval system, or transmitted in any form or by any means, electronic, mechanical, photocopying, recording, or otherwise, without the prior written permission of the copyright holder.

Printed in the United States of America

1 2 3 4 5 6 7 8 9 09 08 07 06 05 04

Puerto Rico
y otras áreas periféricas

Introducción	4
Almanaque	6
Historia	8
La población	14
El territorio	18
Economía y comercio	22
Política y gobierno	26
Cultura y estilo de vida	30
Personalidades	34
Áreas periféricas	38
Línea cronológica	42
Sucesos y atracciones del estado	44
Más acerca de Puerto Rico y otras áreas periféricas	46
Índice	47

INTRODUCCIÓN

Una relación especial

Por su clima soleado y sus aguas cálidas, Puerto Rico es un lugar popular de vacaciones para muchos estadounidenses. Esta isla separa el océano Atlántico del mar Caribe. En ella viven casi cuatro millones de personas y tiene una relación especial con Estados Unidos. Los puertorriqueños son ciudadanos de EE.UU. y pueden servir en la milicia, pero no pagan impuestos federales ni votan en las elecciones presidenciales de EE.UU. como los ciudadanos de los cincuenta estados. Puerto Rico es un estado libre asociado, es parte de Estados Unidos, pero en algunos aspectos es independiente.

Los puertorriqueños a menudo debaten sobre un cambio de relación con Estados Unidos. Algunos preferirían que la isla fuera un estado. Unos pocos quieren independencia absoluta. Pero cualquiera que sea la posición respecto a este tema, los puertorriqueños están orgullosos de su tierra natal y su larga historia. Muchos de los 3.8 millones de puertorriqueños que viven en EE.UU. con frecuencia regresan a Puerto Rico, visitan a sus amigos y familiares, y algunos se establecen allí cuando se jubilan.

Puerto Rico, llamado a veces «isla del encanto», es conocido por su clima agradable, sus comidas tropicales y su paisaje imponente. Los puertorriqueños también valoran su cultura especial. El arte, el idioma y los hábitos combinan la influencia española, las tradiciones indígenas y la cultura de los esclavos africanos que en una época trabajaban en las plantaciones de la isla. Puerto Rico es una isla pequeña llena de energía y variedad.

Es uno de los tantos territorios insulares que forman parte de Estados Unidos. Cerca de Puerto Rico están ubicadas las Islas Vírgenes Estadounidenses. A miles de millas hacia el oeste, en el océano Pacífico, están Guam, Samoa Estadounidense y las Islas Marianas del Norte. En todas estas áreas periféricas las costumbres locales y la cultura se mezclan con la democracia al estilo estadounidense y el amor a la libertad.

▶ Mapa de Puerto Rico que muestra las ciudades y las vías de navegación más importantes.

▼ La fortaleza de El Morro es uno de los puntos turísticos destacados de San Juan.

PUERTO RICO

OCÉANO ATLÁNTICO

- Arecibo
- Vega Baja
- San Juan ★
- Bayamón
- Loíza Aldea
- San Sebastián
- *Lago de Guajataca*
- *Lago La Plata*
- *Río La Plata*
- *Río Grande de Loíza*
- *Lago Carraízo (Loíza)*
- Fajardo
- *Río Grande de Añasco*
- Mayagüez
- Castaner
- Orocovis
- Caguas
- Naguabo
- San Lorenzo
- Humacao
- San Germán
- Cayey
- Yauco
- Coamo
- Ponce
- Guayama
- Maunabo

I. de CULEBRA

I. de VIEQUES

MAR CARIBE

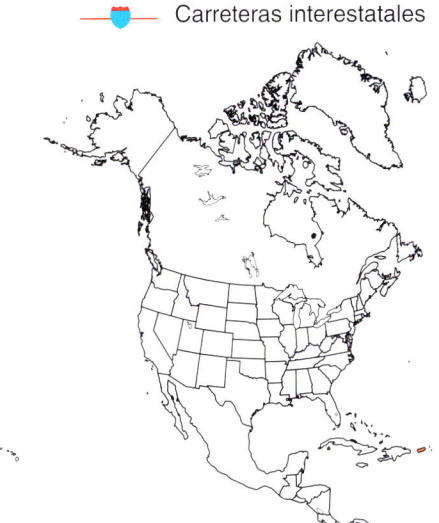

ESCALA/CLAVE

0 — 25 millas
0 — 30 kilómetros

★ Capital
 Carreteras interestatales

PUERTO RICO 5

ALMANAQUE

Datos breves

Puerto Rico (PR)

Se convirtió en estado libre asociado
25 de julio de 1952

Capital	Población
San Juan	434,374

Población total (2000)
3,803,610 – *Entre 1990 y 2000 la población de Puerto Rico aumentó un 8.1 %.*

Ciudades más grandes	Población
San Juan	434,374
Bayamón	224,044
Ponce	186,475
Carolina	186,076
Caguas	140,502
Arecibo	100,131
Guaynabo	100,053
Mayagüez	98,434

Superficie
3,425 millas cuadradas (8,871 kilómetros cuadrados)

Lema
Joannes Est Nomen Eius, *en latín significa «Juan es su nombre»*

Himno nacional
«La Borinqueña» *de Félix Astol Artés, Ramón Collado y Manuel Fernández Junco; adoptada en 1952. En 1867 Artés escribió la música del himno. Más tarde Juncos escribió la letra y Collado adaptó la música para que pudiera tocarla una orquesta. El título viene de Borinquén, el nombre que los taínos dieron a Puerto Rico.*

Ave oficial
Reinita, o reina mora de Puerto Rico. *La reinita, que se encuentra sólo en algunas zonas del Caribe, tiene un canto tan agudo que las personas no oyen algunas notas.*

Flor oficial
Flor de maga

Árbol oficial
Ceiba

Animal no oficial
Coquí. *Esta rana pequeña vive en los árboles y plantas, y a menudo está presente en el arte de Puerto Rico. Su alegre croar, que suena como su nombre, se oye en toda la isla. Los puertorriqueños que están orgullosos de su herencia dicen: «Soy tan puertorriqueño como el coquí».*

6 BIBLIOTECA DE LOS ESTADOS

LUGARES PARA VISITAR

Fortaleza de El Morro, *San Juan*
La fortaleza de El Morro es conocida oficialmente como el Castillo San Felipe del Morro. La construcción de esta enorme fortaleza comenzó en 1539. Tiene una maravillosa vista a la bahía de San Juan, y túneles y calabozos secretos.

Parque de las Cavernas del Río Camuy, *Arecibo*
El río Camuy tiene uno de los sistemas de cavernas subterráneas más grandes del mundo. Las cavernas fueron formadas por ríos subterráneos, especialmente el Camuy, hace más de un millón de años.

Selva tropical de El Yunque, *Palmer*
El Yunque, conocido oficialmente como el bosque nacional del Caribe, es la única selva tropical bajo el control del Sistema Nacional de Bosques de EE.UU. Algunas partes de esta selva reciben hasta 200 pulgadas (508 cm) de lluvia por año.

Véanse otros lugares y sucesos en la página 44.

MÁS GRANDE, MEJOR, SUPERIOR

- El Observatorio de Arecibo, dirigido por la Universidad Cornell, tiene la antena de radiotelescopio más grande del mundo: 1,000 pies (305 m) de ancho.
- La población de Puerto Rico es la más numerosa de todas las áreas periféricas de EE.UU.
- El Centro Ceremonial Indígena de Tibes es el cementerio más antiguo que se conoce en las Indias Occidentales. Allí se encontraron esqueletos que datan del año 300 d. de C.

PRIMICIAS DEL ESTADO

- **1533** Se terminó de construir La Fortaleza, la sede oficial del gobernador de Puerto Rico. Es el más antiguo de los edificios del poder ejecutivo del hemisferio occidental que continúa en uso.
- **1990** La puertorriqueña Antonia Novello llegó a ser la primera mujer y la primera hispana que se desempeñó como jefe de la Dirección General de Salud Pública de EE.UU. Ocupó el cargo hasta 1993.

Luz debajo del agua

En una bahía cerca de Parguera, una luz azulada resplandeciente ilumina el agua. Esta proviene de miles de millones de diminutas criaturas llamadas dinoflagelados. Las criaturas emiten luz mientras se mueven. Esta producción de luz se llama bioluminiscencia. Los organismos bioluminiscentes viven en distintas partes del océano, pero sólo donde se acumulan muchos de ellos, como en Parguera, crean una luz que se puede ver sobre la superficie del agua. Otra bahía bioluminiscente está ubicada frente a la isla puertorriqueña de Vieques.

Lugar de piratas

En la isla de Mona se encuentran los lagartos más grandes de Puerto Rico y plantas poco comunes, pero allí no viven seres humanos. Sin embargo, en Mona, que queda justo frente a la costa oeste de la isla principal, vivieron en el pasado personas muy diversas. En una época hubo indígenas taínos, y por un breve período se establecieron los españoles. Los residentes de peor fama fueron los piratas, que descansaban en la isla entre viaje y viaje. Alguna gente cree que todavía hay un tesoro enterrado en las arenas de Mona.

HISTORIA

De colonia a estado libre asociado

> Esta isla [Borinquén] es muy hermosa y al parecer muy fértil [...] todas estas islas son muy hermosas y de muy buena tierra, pero ésta pareció ser la mejor de todas.
>
> — Carta de Diego Álvarez Chanca a las autoridades de Sevilla (España) después del viaje de Cristóbal Colón a Puerto Rico en 1493

Hace más de cinco mil años, indígenas de Sudamérica y probablemente de Florida navegaron a Puerto Rico y a las islas vecinas. Estos primeros habitantes se ubicaron cerca de la costa y vivían principalmente de la pesca. Luego, en tres períodos distintos, llegaron a la isla los indígenas arawak. Los igneri llegaron por el año 100 d. de C y eran excelentes alfareros. Los ostiones llegaron unos cientos de años después seguidos de los taínos, los pobladores indígenas más adelantados. Los taínos llamaron *Borinquén* a la isla, que significa «tierras del valiente señor».

Los jefes de los taínos se llamaban caciques. Consideraban que las mujeres eran iguales que los hombres y podían ser caciques. Tenían una religión formal con muchos dioses. En el centro de los pueblos llevaban a cabo ceremonias religiosas y danzas, a las que asistían varios miles de personas.

Vivían sobre todo de la agricultura. Entre los principales cultivos estaban la batata, los frijoles, la calabaza, el maíz y la mandioca, un tubérculo con el que hacían pan. Los taínos también pescaban y cazaban aves. Los artesanos hacían vasijas, y algunos trabajadores hábiles hacían joyas con gemas y oro.

Por el siglo XV los principales enemigos de los taínos eran los caribes. Estos últimos, originarios de Sudamérica, atacaron muchas islas del Caribe donde vivían los taínos. Los taínos se defendían, pero los caribes ganaban la mayoría de las batallas. Todavía se producían estas encarnizadas guerras cuando el primer explorador español llegó a las playas de Puerto Rico.

El comienzo del gobierno español

El 19 de noviembre de 1493, en su segundo viaje a lo que los europeos llamaban «Nuevo Mundo», Cristóbal Colón

Indígenas de Puerto Rico
- Caribes
- Igneris
- Ostiones
- Taínos

¿LO SABÍAS?
En una época los taínos practicaban un deporte muy parecido al fútbol moderno. Los restos de las canchas llamadas bateyes, se han encontrado en Puerto Rico y otras islas cercanas

desembarcó en Puerto Rico. Le puso de nombre San Juan Bautista y reivindicó la tierra como colonia de España. Cuando Colón llegó a Puerto Rico, allí vivían cerca de treinta mil taínos.

Colón no permaneció en Puerto Rico, y los primeros colonos españoles no llegaron hasta 1508. Juan Ponce de León, el jefe, y otros colonos fundaron el pueblo de Caparra cerca de la bahía de San Juan. Ponce de León, como la mayoría de los exploradores españoles, llegó en busca de oro. Los colonos sometieron a los taínos a la esclavitud para que extrajeran el metal precioso. Al poco tiempo Puerto Rico se convirtió en una de las mayores fuentes de oro del gobierno español. En 1511 los taínos se rebelaron, pero los soldados españoles reestablecieron rápidamente el orden. Para entonces, las enfermedades traídas de Europa ya habían matado a muchos taínos. Otros huyeron a las montañas o a las islas vecinas. Los españoles empezaron a llevar esclavos africanos para que trabajaran en las plantaciones de caña de azúcar.

Los españoles a menudo tenían hijos con esclavas taínas y africanas. A los hijos de españoles e indígenas se les llamó mestizos. A los españoles nacidos en Puerto Rico o en otra colonia de las Indias Occidentales se les llamó criollos.

¿LO SABÍAS?

A la casa de Ponce de León en San Juan se la llamó Casa Blanca. Los colonos la usaron como su primer fuerte hasta que en 1532 empezaron a construir La Fortaleza.

▼ En este lugar de Ponce, los indígenas taínos en una época practicaban deportes y llevaban a cabo ceremonias religiosas.

La sociedad colonial se dividió en distintas clases sociales: en la más baja los esclavos, luego los mestizos y por último los españoles y criollos, que controlaban la economía y el gobierno.

En poco tiempo los españoles ya habían extraído todo el oro de Puerto Rico. Así las cosas, las autoridades españolas le dieron otro papel a Puerto Rico: la convirtieron en una base importante para la Armada. Para 1521 las naves españolas tenían un puerto seguro en San Juan. Al principio esta ciudad se había llamado Puerto Rico. Pero cerca de 1530 la llamaron San Juan, y dieron el nombre de Puerto Rico a toda la isla. En San Juan los españoles construyeron fuertes, y usaban las tropas y naves emplazadas allí para defender otras colonias españolas de las Indias Occidentales. A menudo la isla era blanco de asaltantes extranjeros. En 1598 los ingleses se tomaron San Juan por cerca de tres meses. En 1625 las tropas holandesas controlaron parte de la isla al menos por un mes.

Contrabandistas y ciudadanos

Durante gran parte de los siglos XVII y XVIII los gobernantes españoles no prestaron mucha atención a Puerto Rico. Su única preocupación era obtener dinero y recursos de la isla, y los puertorriqueños podían comerciar sólo con España. Esta ley obligó a algunas personas a dedicarse al contrabando para evitar los impuestos y obtener los artículos que necesitaban. A mediados del

¿LO SABÍAS?

En 1765 Puerto Rico tenía una población de 45,000 habitantes, de los cuales 5,000 eran esclavos. Para 1795 la cantidad había aumentado a 67,000 habitantes, de los cuales 18,000 eran esclavos. En la isla también había muchos esclavos africanos y mestizos libertos.

▼ Los españoles usaban esclavos taínos para extraer oro.

siglo XVIII las autoridades españolas finalmente se dieron cuenta de que su política perjudicaba a Puerto Rico. En 1765 visitó la isla Alejandro O'Reilly, un funcionario español. Notó que en la isla había sólo dos escuelas y que en el campo mucha gente caminaba descalza. España envió nuevos gobernantes y más dinero a Puerto Rico. También permitió un mayor comercio legal con otras islas del Caribe, lo que redujo el contrabando. Pero, al mismo tiempo, aumentó la esclavitud, y el puertorriqueño medio aún era un campesino pobre y sin educación.

Para principios del siglo XIX, España ya no era una potencia mundial importante. Los colonos españoles vieron que tenían la oportunidad de conseguir la independencia, como habían hecho los norteamericanos con la Revolución Norteamericana. Los gobernantes españoles no querían una revolución en Puerto Rico y en 1809 permitieron que los puertorriqueños tuvieran elecciones por primera vez para elegir a alguien que los representara en España. Tres años después, los puertorriqueños pasaron a ser ciudadanos españoles y lentamente obtuvieron más derechos legales. Sin embargo, después de 1823, España envió gobernadores que se manejaron como dictadores. La mayoría de los puertorriqueños aún vivían como campesinos pobres, conocidos como jíbaros. Mientras tanto, los españoles y criollos ricos controlaban la economía.

Un nuevo gobernante colonial

Durante el siglo XIX los puertorriqueños tenían sentimientos encontrados con respecto a España. Algunos querían un gobierno democrático que mantuviera el vínculo con España. Otros querían la independencia absoluta. Uno de los principales partidarios de la independencia era el doctor Ramón Emeterio Betances, que en 1864 convocó a una revolución. Finalmente, cuatro años después sus seguidores se rebelaron. Tomaron Lares, un pueblo del oeste de la isla. Los rebeldes reclamaban la independencia de Puerto Rico y llevaban una bandera que decía «Libertad o Muerte». Las tropas del gobierno español llegaron al pueblo y en seis semanas sofocaron la revolución.

Juan Ponce de León

Juan Ponce de León nació en España alrededor del año 1460. Viajó con Cristóbal Colón en su segundo viaje a las Indias Occidentales. Pocos años después fue alcalde de un asentamiento español en la isla La Española. Durante esa época acumuló una gran fortuna. En 1508 regresó a Puerto Rico, fundó el primer asentamiento español y fue el primer gobernador español de la isla. En 1513 salió de Puerto Rico con tres naves rumbo a Florida, a reclamar la tierra para España. Ponce de León fue de nuevo en busca de oro. La leyenda dice que también buscaba una mágica «fuente de la juventud», cuya agua supuestamente mantenía eternamente joven a la gente. Antes de regresar a España exploró las aguas de Florida. Por último regresó a Puerto Rico y en 1521 lanzó una segunda expedición a Florida. Mientras trataba de fundar una colonia allí, lo hirieron en una batalla contra los indígenas. Más tarde murió en la isla de Cuba a causa de la herida, y lo enterraron en Puerto Rico.

Esta revolución fallida es conocida como El Grito de Lares, y sigue siendo un símbolo del deseo puertorriqueño de independencia.

Mientras los puertorriqueños debatían su condición, sucedieron algunos cambios. En 1873 se abolió la esclavitud, y en 1897 España le otorgó a Puerto Rico un alto grado de independencia. Sin embargo, esa libertad no duró mucho.

En 1898, las relaciones entre España y Estados Unidos se deterioraron mientras los españoles trataban de sofocar una rebelión en Cuba. Después de que explotara una nave estadounidense en aguas cubanas, Estados Unidos declaró la guerra a España. El 25 de julio de 1898, tropas estadounidenses desembarcaron en Puerto Rico y derrotaron con rapidez a las pocas tropas españolas de la isla. Cuando la guerra terminó con la victoria de Estados Unidos, estos se adueñaron de Puerto Rico y de otras colonias españolas.

Las autoridades estadounidenses vieron en Puerto Rico un puerto para su Armada y una fuente barata de azúcar y otros cultivos. Hicieron algunas mejoras en la isla: construyeron escuelas, caminos y hospitales. Sin embargo, la mayoría de los puertorriqueños no recibieron bien a los nuevos gobernantes. Estados Unidos trató de introducir una nueva cultura y un nuevo idioma: el inglés. Empresas estadounidenses se hicieron

▼ **Los españoles continuaron trabajando en la fortaleza de El Morro durante el siglo XVIII. Hoy el fuerte es famoso por sus garitas.**

cargo de algunas plantaciones de Puerto Rico. Muchos estadounidenses se rehusaron a creer que los puertorriqueños podían manejar la isla por sí mismos.

Cambio de relación

En 1917, la ley Jones hizo ciudadanos estadounidenses a los puertorriqueños, pero todavía carecían de muchos derechos y podían elegir sólo algunas de sus autoridades. La presencia estadounidense tampoco había ayudado al puertorriqueño medio, que aún ganaba apenas unos cientos de dólares por año. La pobreza aumentó durante la Gran Depresión de la década de 1930. Algunos puertorriqueños volvieron a pensar otra vez en la independencia. El Partido Nacionalista, conducido por Pedro Albizu Campos, recurrió a la violencia para promover el llamado a la independencia. En 1937, en la ciudad de Ponce murieron diecinueve personas en un tiroteo.

Durante la década de 1940 Puerto Rico vio algunas mejoras. En 1946, el presidente Harry Truman nombró por primera vez a un gobernador puertorriqueño. Dos años después los puertorriqueños eligieron por primera vez a su propio gobernador. Éste fue Luis Muñoz Marín, que había trabajado para que Estados Unidos les concediera mayor independencia. Muñoz Marín apoyó la elaboración de una constitución para Puerto Rico y su transformación en estado libre asociado. También impulsó la Operación Fomento *(Operation Bootstrap)*, un programa que alentaba a las compañías estadounidenses a construir fábricas en la isla. Gracias a este plan, la cantidad de fábricas aumentó de ochenta y dos en 1952 a más de setecientas en apenas diez años. La Operación Fomento creó empleos para los puertorriqueños, pero muchos todavía no tenían trabajo. Durante la década de 1950, miles de puertorriqueños empezaron a irse para Estados Unidos.

Poco a poco, la Operación Fomento contribuyó a que la manufactura fuera lo más importante de la economía de Puerto Rico. Hoy, comparado con otras islas de las Indias Occidentales, Puerto Rico es rico. Sin embargo, comparado con los cincuenta estados, los ingresos son bajos. Una ley especial redujo los impuestos para las compañías estadounidenses de la isla, pero este descuento impositivo termina en 2006. Los puertorriqueños están buscando nuevas formas de mantener fuerte su economía mientras batallan con la relación que sostienen con Estados Unidos.

▲ Esta celebración en 1999 marca el aniversario de la rebelión de Lares de 1868, que buscaba la independencia de Puerto Rico del poder de España. Algunos residentes aún buscan la independencia de la isla.

Una situación peligrosa

Puerto Rico está situado en el camino de muchos huracanes que se desatan en las Indias Occidentales. Desde 1508, la isla ha soportado más de setenta huracanes. En 1899, una tormenta causó tres mil muertos. Más recientemente, en 1998, el huracán Georges destruyó 80,000 viviendas.

LA POBLACIÓN

Una mezcla colorida

> La mezcla de éstos [europeos] con los indios y negros [...] ha producido diferentes castas de habitantes [...] que mirados en globo y sin reflexión, sólo se descubre un carácter tan mezclado y equívoco, como sus colores [...]
>
> — *Fray Iñigo Abbad y Lasierra,* Historia Geográfica, Civil y Natural de la Isla de San Juan Bautista de Puerto Rico, *1788*

Con una población de un poco más de 3.8 millones de habitantes, Puerto Rico tiene más ciudadanos que veinticinco de los estados de Estados Unidos. Los residentes de Puerto Rico están aglomerados en una área pequeña, y la isla tiene una densidad de población de 1,112 personas por millas cuadradas (429 por km^2), más alta que la de cualquier estado de EE.UU. y segunda sólo a la del Distrito de Columbia. De 1990 a 2000 la población aumentó un poco menos de trescientos mil habitantes, un crecimiento del 8.1 %. La mayoría de los puertorriqueños (cerca del 70 % en 1990) viven en zonas urbanas. Casi todas las grandes ciudades, como San Juan, Ponce, Bayamón y Carolina, están ubicadas cerca de la costa. San Juan, junto con las ciudades y los pueblos cercanos, tiene un poco más de la tercera parte de los residentes de la isla.

Distribución por edades en Puerto Rico
(Censo 2000)

0–4	295,406
5–19	924,398
20–24	301,191
25–44	1,049,995
45–64	812,483
más de 65	425,137

A lo largo de las décadas
Los tres mayores grupos extranjeros de Puerto Rico en 1910 y 1990

1910			1990		
España	Francia	St. Thomas (Islas Vírgenes)	República Dominicana	Cuba	España
6,630	681	560	37,505	19,736	4,579

Población total de la isla: 1,118,012
Total de extranjeros: 11,776 (1.1 %)

Población total de la isla: 3,522,037
Total de extranjeros: 90,713 (2.6 %)

Patrones de inmigración

El total de inmigrantes a Puerto Rico en 1998 fue de 3,251 personas. De ese total, los grupos inmigrantes más grandes vinieron de la República Dominicana (81.4 %), de Cuba (4.5 %) y de Colombia (2.2 %).

Casi todos los puertorriqueños son hispanos. En el censo de EE.UU., los hispanos se clasifican a sí mismos como pertenecientes a una raza determinada o a una raza mixta. De los puertorriqueños hispanos, un poco más del 80 % informan que son blancos, mientras el 8 % informan que son negros. Los asiáticos, los indígenas y los isleños del Pacífico conforman sólo una pequeña parte de la población de la isla. Históricamente, en Puerto Rico, miembros de razas y grupos étnicos distintos se han casado entre sí y han creado variadas mezclas culturales y raciales. Estas mezclas casi no despiertan racismo: en Puerto Rico los negros, los blancos y las personas de origen mixto viven perfectamente lado a lado. Sin embargo, en el pasado, los esclavos africanos y sus descendientes sí enfrentaron prejuicios.

Aunque la mayoría de los puertorriqueños se consideran hispanos, los españoles no fueron los únicos europeos que se asentaron en la isla. Algunas personas son descendientes de colonos de Francia, Gran Bretaña y Alemania, así como de españoles que vivieron en otras partes del Nuevo Mundo antes de llegar a Puerto Rico. Después de 1898, también llegaron a la isla estadounidenses de diferente origen étnico y racial. Todos estos diferentes pobladores se sumaron a la mezcla étnica que hoy conforma la población de la isla.

▲ **Los disfraces y la danza ocupan un lugar importante en muchos festivales puertorriqueños.**

¿LO SABÍAS?

Las estatuas de madera de santos católicos son importantes también para los creyentes de la santería y el espiritismo. Hoy, los museos y los coleccionistas de arte valoran las estatuas como expresiones de arte folclórico importantes.

Herencia y orígenes, Puerto Rico — Año 2000

▶ **Una mirada sobre los orígenes raciales de los puertorriqueños de hoy.**

Población total 3,808,610

Blanca
3,064,862
80.5 %

Asiática
7,960
0.2 %

Hawaiana nativa y otros isleños del Pacífico
1,093
0.03 %

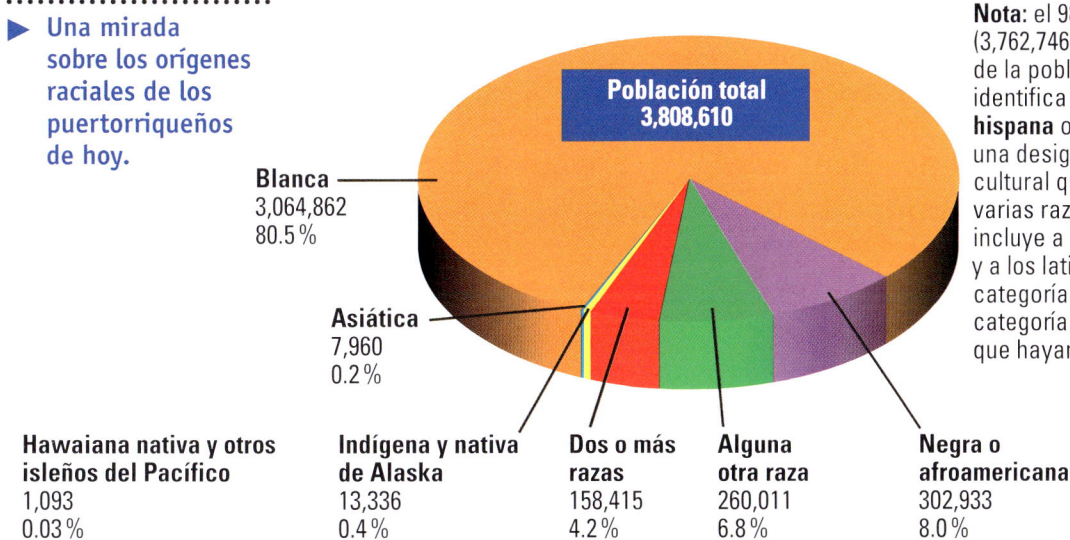

Indígena y nativa de Alaska
13,336
0.4 %

Dos o más razas
158,415
4.2 %

Alguna otra raza
260,011
6.8 %

Negra o afroamericana
302,933
8.0 %

Nota: el 98.8 % (3,762,746) de la población se identifica como **hispana** o **latina**, una designación cultural que engloba varias razas. Se incluye a los hispanos y a los latinos en esta categoría y en la categoría racial que hayan elegido.

PUERTO RICO 15

Idiomas

Los idiomas oficiales de Puerto Rico son el español y el inglés. Cerca del 25% de la gente domina ambos idiomas. El inglés es más común en las ciudades grandes que en los pueblos y aldeas pequeños.

También se conserva el idioma de los taínos de Puerto Rico. Se usan algunas palabras del taíno como nombre ciudades o pueblos, como Caguas, Bayamón y Guánica. Además, se basan en el taíno algunas palabras del español y del inglés, como hamaca *(hammock)* y barbacoa *(barbecue)*.

Religión

Gran parte de la vida religiosa de Puerto Rico la conforman tradiciones de tres continentes. La religión taína venera a muchos dioses, y la diosa Atabey es la más importante de todos. Todavía hoy, algunos taínos practican su religión tradicional.

Niveles de educación de los trabajadores de Puerto Rico (25 años o más)	
Menos de 9.° grado	581,225
De 9.° a 12 grado, sin diploma	335,179
Escuela secundaria completa, o equivalentes	509,856
Estudios universitarios incompletos, sin título ni título asociado	443,813
Licenciatura	310,443
Título profesional o de posgrado	107,810

▼ Los nadadores disfrutan de las aguas cálidas del océano Atlántico y, a la hora del crepúsculo, se pueden ver recortados en el horizonte los edificios de San Juan, la ciudad más grande de Puerto Rico y su capital.

Los españoles llevaron a la isla el catolicismo romano, y sus iglesias y líderes tienen un papel importante en la vida de Puerto Rico. El pueblo celebra los días de los santos católicos, y muchos tienen estatuas de madera de santos. El catolicismo de Puerto Rico se combinó con creencias taínas y con las religiones que llevaron los esclavos africanos. En algunas de estas religiones africanas, las personas adoran espíritus que ellas creen que viven en la naturaleza. En sus ceremonias religiosas son muy importantes el sonido de los tambores y la danza. Hoy, algunos practican la santería, una religión que desarrollaron los esclavos africanos llevados al Caribe. Los esclavos adoraban a los santos católicos y a la vez mantenían muchas de sus antiguas creencias religiosas. También llevaron la santería a la isla los inmigrantes cubanos. Además, algunos puertorriqueños creen en el espiritismo, que considera que en la Tierra existen los espíritus de los muertos. Estas creencias también influencian a algunos miembros de otras religiones.

Aunque en Puerto Rico el catolicismo y las religiones tradicionales son las más comunes, también están representadas otras creencias. Después de 1898, llegaron de Estados Unidos misioneros protestantes. Hoy, las Iglesias protestantes incluyen la metodista y la pentecostal. Según algunos cálculos, los protestantes conforman una cuarta parte de la población. Además hay una pequeña comunidad judía.

▲ Una procesión de niños católicos se dirige a la iglesia de San Andrés en Barranquitas. Las celebraciones coloridas como ésta ocupan un lugar importante en la vida religiosa de Puerto Rico.

Educación

Bajo el gobierno español, las primeras escuelas de Puerto Rico pertenecían a la Iglesia Católica. Más tarde, el gobierno español promovió la construcción de escuelas, pero la instrucción religiosa siguió siendo importante. Poco después de la llegada de los estadounidenses, se comenzaron a construir escuelas públicas en las que no se ponía énfasis en la enseñanza religiosa. Hoy, se exige que todos los niños entre seis y diecisiete años asistan a la escuela, ya sea pública o privada. Las clases se dictan en español, y los alumnos estudian inglés durante toda la escuela primaria y secundaria. Cerca del 90 % de los puertorriqueños están alfabetizados.

La universidad más importante es la Universidad de Puerto Rico, que tiene su campus principal en Río Piedras, en San Juan. Entre otros colegios universitarios está la Universidad Interamericana, la Universidad del Caribe y la Universidad Politécnica de Puerto Rico. Un alto porcentaje de estudiantes en edad universitaria asisten a algún tipo de universidad o colegio universitario.

La cultura taína en la actualidad

En la actualidad, algunos habitantes de Puerto Rico y de Estados Unidos son descendientes de taínos. En las montañas del centro de Puerto Rico, así como en el continente, viven miembros de la tribu jatibonicu. Son conocidos como la «Grandiosa Gente de las Altas Aguas Sagradas». Los miembros de la tribu preservan creencias religiosas antiguas y juegos, creando interés en la historia de los taínos de Puerto Rico.

El territorio

Paraíso tropical

> La tierra de Borinquén, donde he nacido yo,
> es un jardín florido de mágico primor.
> — «La Borinqueña», *el himno puertorriqueño*

Si Puerto Rico fuera un estado, sería el tercero más pequeño, sólo son más pequeños Rhode Island y Delaware. La superficie de la isla es de 3,425 millas cuadradas (8,871 km²). El territorio de Puerto Rico incluye varias islas más pequeñas. Las más importantes son Vieques y Culebra frente a la costa este y Mona frente a la costa oeste. Puerto Rico forma parte de un grupo de islas llamado Antillas Mayores. Éstas y otros dos grupos de islas forman las Indias Occidentales. Las islas vecinas más cercanas a Puerto Rico son La Española al oeste y las Islas Vírgenes Estadounidenses al este. Puerto Rico se encuentra a unas 1,000 millas (1,609 km) al sureste de Florida. Cerca de la isla está la fosa de Puerto Rico, el punto más profundo del océano Atlántico, que se sumerge más de 27,000 pies (8,200 m) bajo la superficie del agua.

Las montañas

Excepto a lo largo de las costas, la mayor parte de Puerto Rico está cubierta de colinas y montañas. Muchas de las colinas están cultivadas. La cadena montañosa más larga, la Cordillera Central, está en la parte sur del centro de la isla. La

Punto más alto
Cerro de Punta
4,390 pies (1,338 m)
sobre el nivel del mar

¿Lo sabías?
Al sureste de Ponce está la isla Caja de Muertos. Desde tierra firme la isla parece un ataúd que flota en el agua.

▼ Un manatí; palmeras en una playa caribeña; Observatorio de Arecibo; cascada en El Yunque; el patio de San Cristóbal; guacamayo escarlata.

cadena se extiende de este a oeste y abarca unas 60 millas (97 km). El pico más alto de la Cordillera Central, y de la isla, es el Cerro de Punta. Los ríos de Puerto Rico son pequeños; el más largo de ellos nace en la Cordillera Central y corre hacia el norte hasta desembocar en el océano Atlántico.

Otra cadena montañosa importante de Puerto Rico es la sierra de Luquillo, ubicada en el ángulo noreste de la isla. El monte más alto de esta cadena es El Toro; está ubicado en la selva tropical de El Yunque y mide 3,533 pies (1,077 m). Entre las dos cadenas montañosas principales se extiende el valle de Turabo, una región agrícola.

Las tierras bajas costeras

A lo largo de las costas norte y sur de Puerto Rico hay franjas de tierras llanas. Las tierras bajas del norte albergan un gran porcentaje de la población y de las industrias más importantes de la isla. La costa sur tiende a ser más seca que la costa norte. En todas las costas de la isla se cultiva.

En el noroeste, cerca de las estribaciones, está la región de karst. El karst es un territorio caracterizado por colinas pequeñas y sumideros, con cuevas y túneles debajo de ellos. La lluvia erosiona la piedra caliza y crea este paisaje único. En el centro de la región de karst está Arecibo, y en un gran sumidero se encuentra el Observatorio de Arecibo. En la región está también el parque de las Cavernas del Río Camuy.

Flora y fauna

Para ser una isla pequeña, Puerto Rico tiene una vida silvestre muy variada. Algunas de las especies vegetales y animales han estado en la isla durante miles de años, otras, las trajeron los españoles y los estadounidenses. Las montañas y las colinas de las regiones norte y central están cubiertas de selvas tropicales y otros bosques, mientras que el sur tiene una vegetación adaptada a sus condiciones semiáridas. Algunos de los árboles

Temperatura media en enero
San Juan: 76°F (24°C)
Santa Isabel: 72°F (22°C)

Temperatura media en julio
San Juan: 81°F (27°C)
Santa Isabel: 80°F (27°C)

Promedio anual de lluvia
San Juan: 59 pulgadas (150 cm)
Santa Isabel: 33 pulgadas (84 cm)

¿LO SABÍAS?

La selva tropical de El Yunque tiene más de 240 especies de árboles, 88 de las cuales se encuentran solamente en ese lugar.

Lagos más grandes

La Plata
1,211 acres (490 hectáreas)

Guajataca
581 acres (235 ha)

Carraízo (Loíza)
566 acres (229 ha)

GEOGRAFÍA DE PUERTO RICO

de la isla, como el guayacán, dan flores de colores muy vivos. Una especie común de árbol es la palmita de sierra. Estos árboles pueden crecer donde el suelo no es firme, como en las laderas de los acantilados.

Los árboles tropicales, como los que hay en Puerto Rico, producen maderas duras, útiles para la construcción de edificios y la fabricación de muebles. Con los siglos, se han talado muchos de los bosques de las islas. Durante el siglo XX, los isleños empezaron a reforestar y el gobierno de EE.UU. protegió algunos de los bosques existentes prohibiendo la tala de sus árboles. Dos de estas áreas protegidas son El Yunque, en el noreste, y Toro Negro, en el sur.

Puerto Rico tiene una fauna muy variada, desde animales comunes hasta los más raros. Los españoles trajeron a la isla caballos y vacas. De los barcos españoles también bajaron ratas. Recientemente llegaron las mangostas, traídas para que mataran las ratas que estaban destruyendo la caña de azúcar. Puerto Rico tiene varios cientos de especies de aves, entre ellas colibríes, tórtolas, búhos y palomas. En las costas hay aves acuáticas, como garzas y pelícanos. Entre los reptiles y los anfibios encontramos una gran variedad de lagartos y la querida rana arbórea coquí. En las cálidas aguas de Puerto Rico viven criaturas marinas diversas, desde peces y mariscos hasta caballitos de mar y corales, además de muchas clases de tiburones.

El gobierno nacional trata de proteger los bosques y ha apartado ciertos territorios como reservas de vida silvestre. En la costa oeste de Puerto Rico está el refugio nacional de vida silvestre de Cabo Rojo, y en la isla de Culebra hay uno similar. En Cabo Rojo vive el turpial de hombros amarillos, una de las varias especies amenazadas de la isla. En las playas de Culebra anidan las tortugas laúd y otras tortugas marinas grandes. La tortuga laúd es otra de las especies amenazadas, igual que la cotorra puertorriqueña, un ave de vivos colores que se encuentra sólo en El Yunque.

Ríos importantes

Río La Plata
46 millas (74 km)

Río Grande de Añasco
40 millas (64 km)

Río Grande de Loíza
40 millas (64 km)

▼ Las tormentas tropicales a veces destruyen la belleza natural de Puerto Rico, como se ve aquí, después de que el huracán Georges azotara la isla en 1998.

Economía y comercio

Construir un futuro mejor

> La gente de Puerto Rico quiere trabajar.
> — *Gobernadora Sila Calderón, 2001*

Se ha dicho que Puerto Rico es el éxito del Caribe. Tiene el ingreso más alto de la región. Muchos puertorriqueños altamente especializados y educados tienen buenos trabajos en el campo de la manufactura, la construcción o la alta tecnología. Sin embargo, si lo comparamos con Estados Unidos el grado de pobreza aún es alto y muchas personas no encuentran empleo. Tanto el gobierno estadounidense como el puertorriqueño están tratando de aprovechar las aptitudes de los isleños y terminar con la historia de pobreza de las zonas alejadas.

La riqueza de la tierra

Los españoles introdujeron en Puerto Rico el cultivo de la caña de azúcar, del café y del tabaco. También llevaron frutas tropicales, como la piña. Hasta la década de 1950 el sector más importante de la economía seguía siendo la agricultura. Desde entonces ha ido declinando como fuente principal de riqueza de la isla, pero los puertorriqueños aún trabajan la tierra y crían animales para alimentarse.

La actividad agropecuaria más importante es la cría de animales: vacas, gallinas y cerdos. Las vacas proporcionan carne y leche, y los productos lácteos son los que reportan mayores ingresos. Les siguen las gallinas y los huevos. Los cultivos más valiosos son el café, las frutas y las plantas ornamentales, que se usan en los jardines o interiores de edificios. La caña de azúcar, que antes era el cultivo más importante, ahora sólo contribuye mínimamente a la economía de la isla.

Los recursos naturales que se pueden aprovechar para proporcionar trabajo e ingresos son limitados. La mayoría de los árboles los talaron antes de 1900. Desde entonces, se ha reforestado sobre todo en zonas protegidas, donde no se permite la tala. La minería se centra en la arena, la grava y la piedra,

Principales empleadores
(de empleados de 16 años o más)

Servicios	38.0%
Comercio mayorista y minorista	16.1%
Gobierno federal, estatal y local (incluidas las fuerzas armadas)	10.7%
Construcción	8.6%
Manufactura	13.5%
Compañías financieras, de seguros y de bienes raíces	5.0%
Transportes, comunicaciones y servicios públicos	6.4%
Agricultura, silvicultura y pesca	1.7%

ECONOMÍA DE PUERTO RICO

OCÉANO ATLÁNTICO

MAR CARIBE

Ciudades y elementos señalados en el mapa:
- Arecibo
- Vega Baja
- San Juan
- Bayamón
- Loíza Aldea
- Lago de Guajataca
- San Sebastián
- Lago La Plata
- Río Grande de Loíza
- I. de CULEBRA
- Río Grande de Añasco
- Orocovis
- Lago Carraizo (Loíza)
- Fajardo
- Mayagüez
- Castaner
- Caguas
- Maguabo
- San Germán
- Yauco
- Coamo
- Cayey
- San Lorenzo
- Humacao
- Ponce
- Guayama
- Maunabo
- I. de VIEQUES

ESCALA/CLAVE

0 — 25 millas
0 — 30 kilómetros

- 🐄 Vacas/Productos lácteos
- 🌾 Agricultura
- 🏭 Manufactura
- ✈ Ejército
- 🗎 Servicios

Producto interno bruto de Puerto Rico — En millones de dólares

Producto bruto total $63,296

- Manufactura $27,422
- Compañías financieras, de seguros y de bienes raíces $8,920
- Comercio $8,437
- Servicios $6,679
- Gobierno $5,468
- Transportes y servicios públicos $4,057
- Minería y construcción por contrato $1,863
- Agricultura $450

PUERTO RICO 23

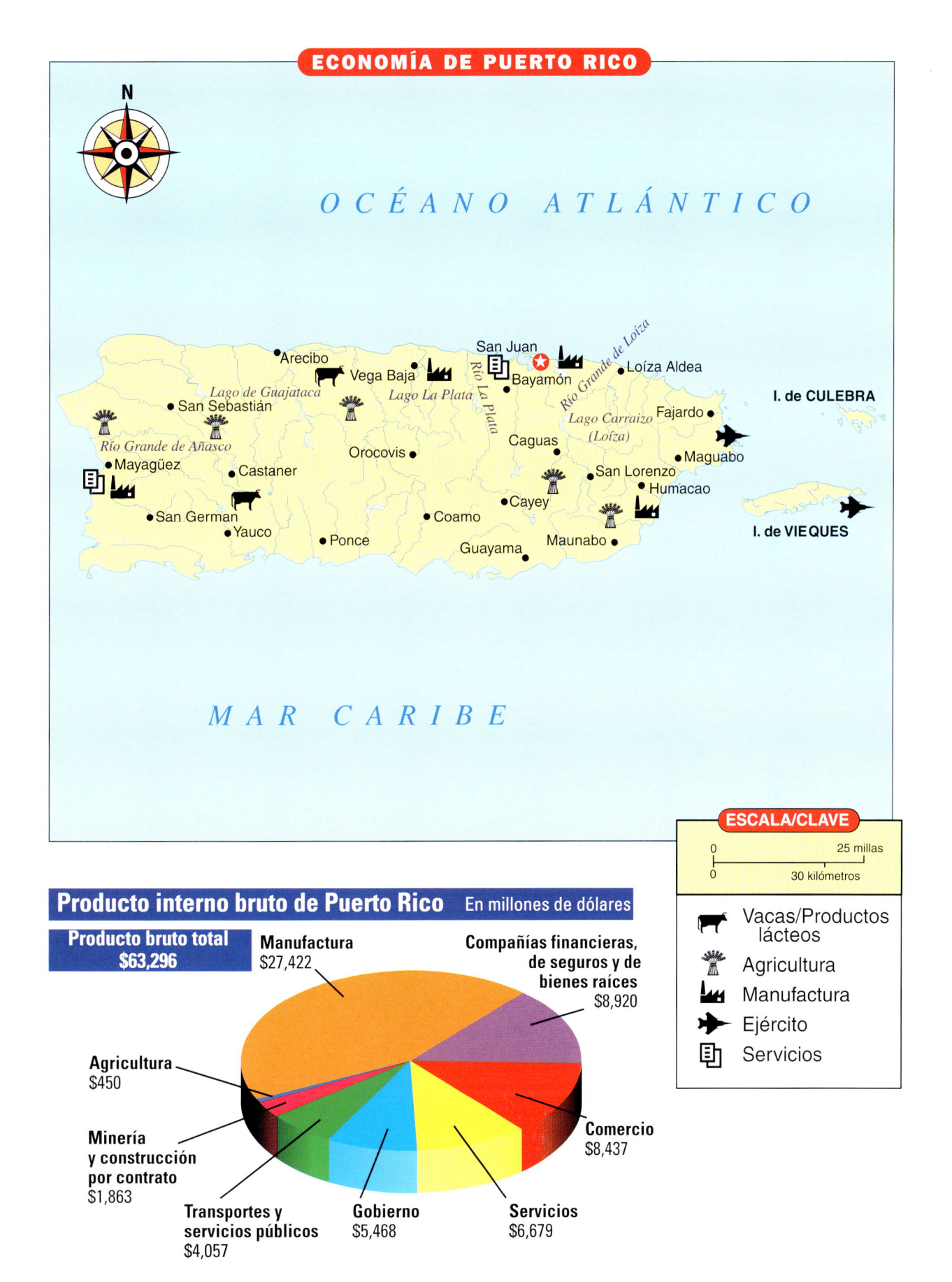

que se usan para la construcción. La isla tiene pequeñas cantidades de oro y otros metales preciosos, pero el cuidado del medio ambiente ha limitado su explotación. La pesca ocupa sólo una parte pequeña de la economía local. Algunos turistas pescan por diversión, pero la pesca comercial no es importante. Varias compañías construyeron fábricas envasadoras de atún, pero en los últimos años la producción y los empleos se han reducido. Las compañías han trasladado sus plantas a países donde pueden pagar menos a los trabajadores.

▲ Plantaciones de café como éstas se encuentran en muchas colinas de Puerto Rico y también cerca de los bosques tropicales.

Manufactura

La Operación Fomento y las leyes impositivas estadounidenses transformaron a Puerto Rico, de una isla de agricultores a un centro manufacturero importante. Al principio se fabricaban productos como cerámica, ropa y zapatos. Sin embargo, con el tiempo, la fuente principal de empleos pasó a ser la industria química. Puerto Rico es el primer productor mundial de medicamentos y otros artículos relacionados con la salud, con más de cien compañías farmacéuticas ubicadas en su territorio. Otra industria importante es la de productos electrónicos, que incluye instrumentos para investigación científica y piezas para computadoras. Aún tiene un papel clave en la economía la fabricación de ropa, aunque en menor medida de lo que tuvo durante las décadas de 1950 y 1960. La industria de la confección es la tercera fuente más grande de empleos relacionados con la manufactura.

En los últimos años las pequeñas compañías han tenido un papel más destacado en la economía. Muchas de ellas son imprentas, editoriales y mueblerías.

Servicios y turismo

En un sentido amplio se puede decir que las empresas de servicios incluyen los servicios gubernamentales, el comercio minorista, las compañías financieras, la salud, la educación y

Producción orgánica de cultivos

La mayoría de las granjas grandes que todavía quedan en Puerto Rico se centran en un cultivo y usan productos químicos para combatir los insectos y las malezas perjudiciales. Pero unos pocos granjeros están tratando de introducir en la isla el cultivo orgánico. La Universidad de Puerto Rico hace poco comenzó a ofrecer la carrera de agricultura sostenible, que da énfasis a los cultivos en los que no se usan productos químicos. Este movimiento nuevo también alienta la producción de una amplia variedad de cultivos en granjas particulares.

24 BIBLIOTECA DE LOS ESTADOS

la asistencia social. Entre los principales empleadores de Puerto Rico están el gobierno de Estados Unidos y el del estado libre asociado. Los militares de Estados Unidos tienen varias bases en la isla, incluso una base naval y un centro de entrenamiento para la Guardia Nacional. El centro financiero de Puerto Rico está en San Juan, en un distrito conocido como Hato Rey. El turismo aporta más de $2 mil millones por año a la economía. Los turistas disfrutan de excelentes playas y exploran las maravillas naturales de la isla.

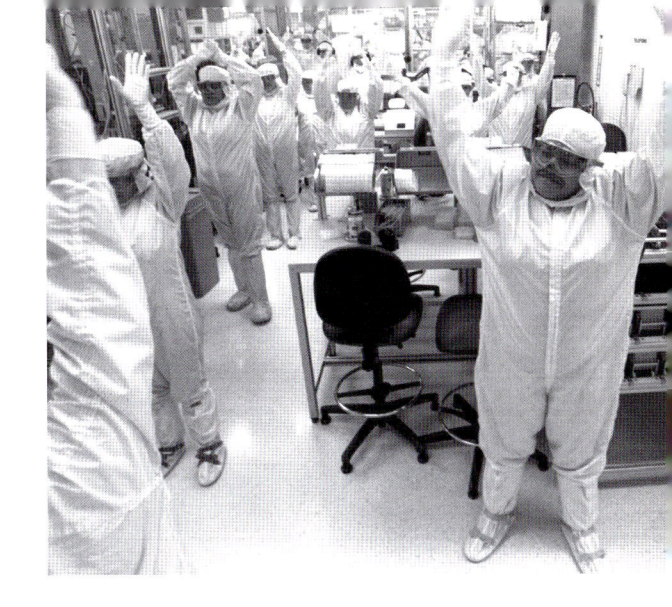

▲ Estos trabajadores de una compañía farmacéutica de San Germán toman un descanso para hacer ejercicio físico.

Transportes y Comunicaciones

Para transportar bienes y personas a la isla, Puerto Rico depende de los aviones y los barcos. Los puertos principales están en las ciudades de San Juan, Ponce y Mayagüez, donde también hay aeropuerto. Los aviones pequeños unen los aeropuertos de la isla, pero la mayoría de los puertorriqueños viajan en auto. Hay 146 vehículos por milla cuadrada (56 por km^2), una de las densidades más altas del mundo. Los residentes también cuentan con servicios de autobús y autos públicos (autos particulares o pequeñas camionetas que se usan como taxis). En la isla hay más de 14,000 millas (22,500 km) de carreteras. La mayoría están pavimentadas, pero en comunidades pequeñas todavía hay caminos de tierra.

En materia de comunicaciones, los puertorriqueños pueden elegir entre más de cien estaciones de radio y veinte de televisión. También tienen acceso a las transmisiones de EE.UU. a través de cable y satélite de televisión. La isla se mantiene en contacto con Estados Unidos por medio de un moderno servicio de telefonía por satélite y por cable submarino. La isla cuenta con diversos periódicos semanales y diarios, incluidos *El Nuevo Día* y el *San Juan Star*.

Durante años, el único ferrocarril constaba de un pequeño tramo de vía que se usaba para transportar caña de azúcar al puerto. Ahora Puerto Rico tiene su primer servicio de trenes de pasajeros: el Tren Urbano. Se probó por primera vez en 2000 y está diseñado para personas que viajan diariamente a su trabajo. Une San Juan con las ciudades y los pueblos cercanos.

¿LO SABÍAS?

En Hato Rey, muchos bancos y demás compañías financieras tienen sus oficinas en una calle llamada la «Milla de Oro». San Juan es uno de los principales centros bancarios para toda la región del Caribe.

Hecho en Puerto Rico

Principales productos agrícolas y cultivos
Productos lácteos
Aves de corral y productos avícolas
Vacas
Café
Frutas
Plantas ornamentales

Otros productos
Sustancias químicas y productos relacionados
Electrónica
Ropa

Aeropuerto más importante

Aeropuerto	Ubicación	Pasajeros por año (2000)
Internacional Luis Muñoz Marín	San Juan	9,978,146

POLÍTICA Y GOBIERNO

Gobierno de un estado libre asociado

> Según nuestra opinión, Puerto Rico es una nueva clase de estado, tanto desde el punto de vista del sistema federal de Estados Unidos como desde el punto de vista de un pueblo organizado para gobernarse a sí mismo.
> — *Luis Muñoz Marín, 1959*

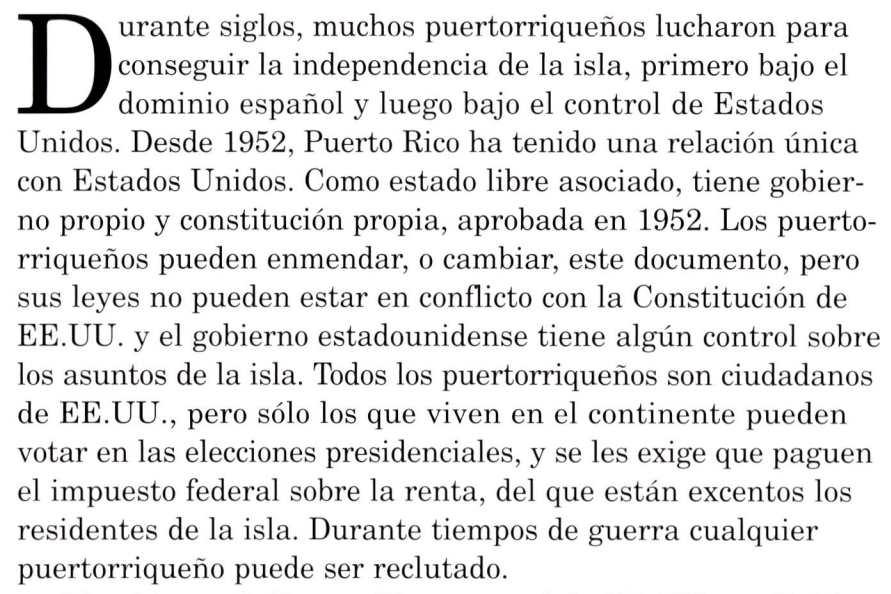

Durante siglos, muchos puertorriqueños lucharon para conseguir la independencia de la isla, primero bajo el dominio español y luego bajo el control de Estados Unidos. Desde 1952, Puerto Rico ha tenido una relación única con Estados Unidos. Como estado libre asociado, tiene gobierno propio y constitución propia, aprobada en 1952. Los puertorriqueños pueden enmendar, o cambiar, este documento, pero sus leyes no pueden estar en conflicto con la Constitución de EE.UU. y el gobierno estadounidense tiene algún control sobre los asuntos de la isla. Todos los puertorriqueños son ciudadanos de EE.UU., pero sólo los que viven en el continente pueden votar en las elecciones presidenciales, y se les exige que paguen el impuesto federal sobre la renta, del que están excentos los residentes de la isla. Durante tiempos de guerra cualquier puertorriqueño puede ser reclutado.

El gobierno de Puerto Rico, como el de EE.UU., se divide en tres poderes: ejecutivo, legislativo y judicial. El poder ejecutivo aprueba las leyes, el poder legislativo elabora las leyes y el poder judicial interpreta las leyes y la manera en que se cumplen.

El poder ejecutivo

El gobernador de Puerto Rico es la autoridad máxima del poder ejecutivo. El ejecutivo aprueba las leyes que elabora la Legislatura. El gobernador nombra a todos los jueces y miembros del gabinete. Los miembros del gabinete conducen distintos departamentos ejecutivos y aconsejan al gobernador. El Senado de Puerto Rico debe aprobar los nombramientos que hace el gobernador. El gobernador también acepta o rechaza las leyes que aprueba el poder legislativo. Durante una emergencia, el

La Constitución del Estado Libre Asociado

Nosotros, el pueblo de Puerto Rico, a fin de organizarnos políticamente sobre una base plenamente democrática, promover el bienestar general y asegurar para nosotros y nuestra posteridad el goce cabal de los derechos humanos, puesta nuestra confianza en Dios Todopoderoso, ordenamos y establecemos esta Constitución para el Estado Libre Asociado que en ejercicio de nuestro derecho natural ahora creamos dentro de nuestra unión con los Estados Unidos de América.

— *Preámbulo de la Constitución del Estado Libre Asociado de Puerto Rico*

Cargos por elección para el poder ejecutivo		
Cargo	**Duración del mandato**	**Límite del mandato**
Gobernador	4 años	sin límite

¿Lo sabías?

En las elecciones de 2000, en Puerto Rico votó el 82 % de los empadronados. Tradicionalmente, Puerto Rico ha tenido uno de los porcentajes más altos del mundo en cuanto a cantidad de votantes. En comparación, en las elecciones del 2000 en Estados Unidos el porcentaje de votantes fue del 51 %.

gobernador puede declarar la ley marcial y dar el control de la isla a los militares.

En segundo lugar, después del gobernador, está el secretario de estado. La persona que tiene este cargo actúa como gobernador cuando éste sale de la isla y toma su lugar en caso de que el gobernador renuncie o fallezca durante el mandato.

El poder legislativo

La Legislatura de Puerto Rico se compone de dos cámaras, o cuerpos: la Cámara de Representantes y el Senado. Los votantes eligen representantes cada cuatro años. La cámara se compone de cincuenta y un miembros. Se elige uno por cada uno de los cuarenta distritos representativos de Puerto Rico y once por la isla en su conjunto. El Senado tiene veintisiete miembros, y los votantes eligen dos por cada uno de los ocho distritos senatoriales y once por la isla en su conjunto. Si un partido tuviera demasiadas bancas, se pueden elegir dos miembros adicionales para cualquiera de las cámaras. Estas bancas adicionales son para partidos que hayan quedado en minoría.

El poder judicial

El poder judicial de Puerto Rico tiene varios tribunales, cuyos jueces los nombra el gobernador y los confirma el Senado. El más alto tribunal es el Tribunal Supremo. Tiene seis jueces asociados y un juez presidente. Todos los miembros tienen cargos vitalicios. El Tribunal Supremo revisa las decisiones que hacen los tribunales inferiores y determina si responden con justicia a la Constitución del Estado Libre Asociado.

También existen tribunales de apelación,

▼ El Capitolio de Puerto Rico, inaugurado en 1929.

tribunales superiores, tribunales de primera instancia y tribunales municipales. A diferencia de los jueces del Tribunal Supremo, el mandato de los jueces de los demás tribunales es limitado, y oscila entre cinco y dieciséis años.

Cuando se violan leyes federales, los juicios se llevan a cabo en el tribunal de primera instancia de EE.UU. en San Juan. Los siete jueces de este tribunal los nombra el presidente de Estados Unidos. Los casos que oye el Tribunal Supremo de Puerto Rico se pueden apelar a otro tribunal de primera instancia de Estados Unidos que esté radicado en el continente.

Gobierno local

Cada estado tiene una cantidad de gobiernos locales que se ocupan de distintos asuntos, como educación, mantenimiento de carreteras y espacios públicos, recaudación de algunos impuestos y cumplimiento de las leyes locales y estatales. Puerto Rico tiene setenta y ocho unidades políticas locales llamadas municipios o municipalidades. Algunos son ciudades, mientras que otros incluyen un pueblo grande y las aldeas vecinas. Los votantes de cada municipio eligen un alcalde y una asamblea. El alcalde es el poder ejecutivo, y la asamblea, el poder legislativo.

Representación nacional

Los votantes de Puerto Rico envían un representante, llamado comisionado residente, a la Cámara de Representantes de EE.UU. Este cargo lo creó en 1900 una ley estadounidense. En el Senado de EE.UU. no hay representante de Puerto Rico. El comisionado residente puede participar en los debates de la cámara y trabajar en las comisiones que elaboran los proyectos de ley, pero no puede votar para la aprobación de los proyectos.

Los partidos políticos y la condición política

Puerto Rico tiene tres partidos políticos importantes. Cada uno de ellos tiene una posición firme respecto de la relación que la isla debería tener con Estados Unidos. Este tema de la condición política de Puerto Rico ocupa gran parte del debate político de la isla.

Legislatura

Cámara	Cantidad de miembros	Duración del mandato	Límite del mandato
Senado	27* senadores	4 años	sin límite
Cámara de Representantes	51* representantes	4 años	sin límite

*Se pueden agregar dos miembros adicionales para evitar que un partido tenga más de dos tercios de las bancas.

EL «PADRE FUNDADOR» DE PUERTO RICO

LUIS MUÑOZ RIVERA fue uno de los héroes políticos más importantes de la historia de Puerto Rico. Debido a sus esfuerzos por conseguir la independencia de la isla, algunas veces se le ha llamado el George Washington de Puerto Rico. Muñoz Rivera nació el 17 de julio de 1859 en Barranquitas. En 1887 ayudó a fundar el Partido Autonomista, que trataba de convencer a España de que diera a los puertorriqueños más control sobre su gobierno. En 1890, fundó *La Democracia*, uno de los tres periódicos que publicó durante su vida. En 1897, participó en el gobierno nuevo que se formó después de que España finalmente otorgara mayor independencia a Puerto Rico. Ese gobierno finalizó al año siguiente con la invasión de EE.UU. Muñoz Rivera se mudó a Nueva York, y esperaba contar con apoyo para que Puerto Rico consiguiera más libertad bajo el dominio estadounidense. En 1904 regresó a la isla, y en 1910 lo eligieron comisionado residente. Dedicó sus esfuerzos a tratar de obtener la ciudadanía estadounidense para los puertorriqueños. Muñoz Rivera es conocido también por escribir varios libros de poesías. Murió en 1916.

Desde 1940 el Partido Popular Democrático (PPD) ha sido el más exitoso. Este partido quiere que Puerto Rico siga siendo un estado libre asociado. El mayor desafío para el PPD proviene del Partido Nuevo Progresista, que apoya la estadidad. El Partido Independentista Puertorriqueño, que es menos numeroso, quiere que la isla sea una nación independiente. Muchos otros partidos políticos menores conforman la política de la isla.

En 1998, por tercera vez desde 1952, los puertorriqueños tuvieron la oportunidad de votar por el tema de la condición política. Se presentaron las opciones de estadidad, estado libre asociado, independencia y «ninguna de las anteriores», ganando esta última por una pequeña mayoría de votos. La estadidad obtuvo en forma reñida el segundo lugar. Como consecuencia del resultado, Puerto Rico mantuvo la condición política que tenía. El PPD había aconsejado a sus miembros que votaran por «ninguna de las anteriores» en señal de protesta. Se oponía a la redacción de la boleta electoral que había escrito el Partido Nuevo Progresista.

▶ Partidarios de la estadidad de Puerto Rico sostienen en alto un cartel y una bandera de EE.UU. durante una concentración.

CULTURA Y ESTILO DE VIDA

Diversión en la isla

> [...] bebí del campo la alegría, y soy alegre como el día, como la abeja laborioso, y tan ardiente como el sol.
> — *Virgilio Dávila, del poema «El jíbaro»*

A los puertorriqueños les encanta rendir homenaje a su rica cultura formada por la combinación del estilo de vida europeo, africano e indígena. Puerto Rico ha sido parte de Estados Unidos por más de cien años, pero aún prevalece en la isla el idioma y la cultura española. La cultura taíno está presente en palabras, comidas y expresiones artísticas. Los esclavos africanos llevados a Puerto Rico influyeron en la música. Los puertorriqueños están orgullosos de su herencia única.

El arte y los museos

El arte puertorriqueño se remonta a los taínos y otros indígenas originarios. Los taínos eran expertos en artesanías en madera, y entre sus tallas se encuentran tronos de sus gobernantes. También dejaron petroglifos, o tallas en roca, que muestran imágenes de sus dioses y de los espíritus que vivían en la naturaleza.

Cuando llegaron los españoles, llevaron su estilo de arquitectura y arte. En San Juan Antiguo hay edificios de color pastel que bordean calles angostas de adoquines semejantes a la arquitectura de esa época del sur de España. Las artes formales, como la pintura, no se desarrollaron hasta el siglo XVIII. El primer pintor puertorriqueño importante fue José Campeche, hijo de un esclavo liberto, que pintó

¿LO SABÍAS?

Los puertorriqueños a menudo debaten sobre el papel del idioma inglés en la isla. En 1991, el gobernador Rafael Hernández Colón trató de suprimir el inglés como uno de los idiomas oficiales. Muchos votantes se opusieron. Algunos puertorriqueños siguen creyendo que el inglés no debería ser un idioma oficial de la isla.

▼ La caverna Clara, en el parque de las Cavernas del Río Camuy, tiene casi 700 pies (213 m) de largo.

con el estilo de los maestros europeos de la época y aprendió arte estudiando esas obras. Otro gran artista fue Francisco Oller. Su estilo tenía influencias de los impresionistas, pintores franceses de fines del siglo XIX. Muchas de sus obras mostraban paisajes de Puerto Rico.

▲ **Estos petroglifos del Parque Ceremonial Indígena de Caguana son muestras de arte taíno.**

Piezas de arte taíno, trabajos de puertorriqueños y pinturas de otras partes del mundo se pueden encontrar en los museos de Puerto Rico. San Juan tiene más de una docena de museos, incluido el Instituto de Cultura Puertorriqueña. En 2000 se inauguró un museo de arte nuevo en Santurce, en las afueras de San Juan. El museo de arte más famoso de la isla está en Ponce, ubicado en un moderno edificio con salas hexagonales, y tiene casi dos mil obras de arte.

Puerto Rico tiene una larga tradición de arte folclórico. Además de las estatuas de santos, los artesanos de la isla crean caretas de colores hechas de papel maché, llamadas vejigantes, que se usan en los festivales.

Música y literatura

La música es casi un modo de vida en Puerto Rico. Los primeros navegantes españoles cantaban canciones y baladas folclóricas, y los esclavos africanos llevaron las danzas rítmicas de su tierra natal. A lo largo de los siglos, Puerto Rico desarrolló una cantidad de estilos musicales y danzas, que se han divulgado por el mundo.

El arte hoy

Además de José Campeche y Francisco Oller, los artistas puertorriqueños más famosos, la isla ha contado con muchos otros pintores y escultores talentosos. Entre ellos se encuentran Rafael Ferrer, que vive y trabaja en Nueva York, y Myrna Báez, que es pintora y escultora.

▲ En San Juan Antiguo, los artistas tocan música típica de Puerto Rico para entretener tanto a los turistas como a los nativos.

En la isla se desarrollaron varios instrumentos. Los taínos usaban calabazas para hacer güiros y maracas. Los güiros tienen surcos que se raspan con un palillo, mientras que las maracas tienen dentro semillas secas que resuenan cuando se agitan al compás de la música. Los africanos llevaron tambores y los usaron en un estilo de danza conocido como bomba. Otro estilo musical de Puerto Rico es la plena, que también se acompaña con tambores y otros instrumentos de percusión manuales.

Entre los estilos más modernos está la salsa, que combina los instrumentos de percusión con los sonidos del jazz. Por su ritmo, esta música es ideal para danzas rápidas. A Tito Puente, hijo de puertorriqueños que se mudaron a Nueva York, a veces se le llama «el rey de la salsa».

También se ha desarrollado la música clásica. La isla tiene una orquesta sinfónica y una compañía de ballet. Durante el siglo XX, Pablo Casals, el violonchelista español de fama mundial, se mudó a Puerto Rico y colaboró para que aumentara el interés por la música clásica.

Con la llegada de los españoles surgieron las obras literarias, ya que Juan Ponce de León y otros de los primeros colonos anotaban sus observaciones acerca de la isla. Las obras de ficción y la poesía se desarrollaron más lentamente, pero para mediados del siglo XIX ya había una fuerte tradición literaria. Una de las

Un símbolo cultural

Desde que Manuel Alonso publicó *El gíbaro*, los pequeños campesinos llamados jíbaros han aparecido en muchos cuentos y poemas puertorriqueños. Ellos representan la fuerza, el orgullo y la independencia del pueblo puertorriqueño.

primeras obras clásicas fue *El gíbaro* de Manuel Alonso, publicada en 1849. El libro tiene poemas, cuentos y ensayos sobre los jíbaros, los campesinos que vivían en las montañas. También surgieron una cantidad de excelentes poetas, como José Gautier Benítez, Luis Muñoz Rivera y Julia de Burgos.

Deportes

Puerto Rico presenta sus propios equipos durante las Olimpíadas, y los deportistas a menudo juegan en equipos estadounidenses profesionales. Dos deportes populares son el béisbol y el básquetbol, además del fútbol. Hay una liga de béisbol de invierno que presenta estrellas estadounidenses y equipos de básquetbol semiprofesionales que compiten en la isla. La mayoría de las escuelas secundarias tienen equipos de fútbol, y unas pocas escuelas privadas también juegan al fútbol americano.

Los puertorriqueños también disfrutan de los deportes individuales. En la isla se llevan a cabo varios campeonatos mundiales de boxeo. Las actividades al aire libre incluyen el tenis, el golf y las carreras de caballos. No es de extrañar que también sean populares los deportes acuáticos, entre ellos el surf, la navegación y la pesca.

¿LO SABÍAS?

Aunque el hielo y la nieve son elementos extraños en el Caribe, Puerto Rico ha competido en los Juegos Olímpicos de Invierno desde 1984. Ha tenido varios equipos de bobsleigh, compuestos de estrellas de atletismo que aprendieron lo esencial de este deporte de invierno.

▼ La estación de bomberos Parque de Bombas, construida en 1882, ahora es un museo.

PERSONALIDADES

Puertorriqueños destacados

> Nuestro pueblo es un pueblo heroico. Nuestro pueblo es valiente.
> — *Pedro Albizu Campos, citado por Stan Steiner en* The Islands: The Worlds of the Puerto Ricans *(Las islas: Los mundos de los puertorriqueños), 1974*

Éstas son sólo algunas de las miles de personas que nacieron, murieron o pasaron gran parte de su vida en Puerto Rico, y que hicieron contribuciones extraordinarias al estado libre asociado y a la nación.

Ramón Power y Giralt
POLÍTICO

NACIDO: *21 de octubre de 1775, San Juan*
FALLECIDO: *10 de junio de 1813, Cádiz, España*

Ramón Power y Giralt, hijo de una familia rica, ganó las primeras elecciones que se llevaron a cabo en Puerto Rico. Fue a la escuela en España y en Francia, y sirvió en la Armada Española antes de empezar su carrera política. En enero de 1809, España permitió que Puerto Rico eligiera a su primer representante en las Cortes, la asamblea legislativa española. Este acontecimiento posibilitó que los puertorriqueños tuvieran voz propia en el gobierno. Power y Giralt consiguió su puesto al derrotar a otros catorce candidatos. En realidad, antes de que el gobierno le permitiera entrar en la asamblea, debía ganar otras elecciones que se llevarían a cabo al año siguiente. Como miembro de la asamblea, lo eligieron vicepresidente. Power y Giralt contribuyó a que se aprobaran leyes que le daban a Puerto Rico más libertad para manejar sus asuntos. Su casa, en San Juan Antiguo, se ha restaurado, y allí funcionan las oficinas del Fideicomiso de Conservación de Puerto Rico.

Ramón Emeterio Betances
MÉDICO Y POLÍTICO

NACIDO: *8 de abril de 1827, Cabo Rojo*
FALLECIDO: *18 de septiembre de 1898, Nevilly, Francia*

Rámon Betances estudió medicina en Francia y luego, en 1855, regresó a su tierra natal. Instaló un hospital en Mayagüez para atender a las víctimas de una epidemia de cólera que se propagaba por la isla. También se tomó un tiempo para escribir sobre la situación política de Puerto Rico. Sus opiniones firmes acerca de la independencia y de la abolición de la esclavitud hicieron que el gobierno español lo expulsara de la isla varias veces. Mientras vivía en Nueva York y en Santo Domingo, instó a los puertorriqueños al uso de la violencia, si fuera necesario, para lograr la independencia. Después de la revolución fallida de 1868, que él inspiró, se mudó a Francia.

JOSÉ DE DIEGO
POETA Y POLÍTICO

NACIDO: *16 de abril de 1866, Aguadilla*
FALLECIDO: *17 de julio de 1921, Nueva York (NY)*

José de Diego, como Luis Muñoz Rivera, otro conocido poeta y político de la época, quería la independencia de Puerto Rico. Uno de sus sueños era la creación de una unión de las islas del Caribe de habla hispana. Diego fundó el Partido Autonomista, que luchaba por obtener mayor libertad del dominio español. En 1904, fundó junto con Rivera el Partido Unionista, otro partido político que buscaba la independencia, esta vez, del dominio de Estados Unidos. Entre 1897 y 1918, Diego tuvo varios cargos en el gobierno puertorriqueño. Desde 1907 a 1917 fue presidente de la Cámara de Delegados, y desde 1917 a 1918 fue presidente de la Cámara de Representantes. También publicó varios libros de poesías, y murió cuando estaba dando un recital de sus poemas. Se le considera el fundador de la poesía moderna de Puerto Rico. Era un brillante orador, tanto en el gobierno como en los círculos artísticos.

PABLO CASALS
MÚSICO

NACIDO: *29 de diciembre de 1876, El Vendrell, Cataluña, España*
FALLECIDO: *22 de octubre de 1973, San Juan*

De niño, Pablo Casals estudió violín, y también tocaba el piano, la flauta y el órgano. Hoy se le recuerda como uno de los más grandes violonchelistas de todos los tiempos. Dio conciertos en todo el mundo, grabó muchos álbumes y fue director, compositor y músico. Ya era maestro de violonchelo cuando en 1956 se mudó a Puerto Rico. En la isla habían nacido su madre y su esposa. Casals fundó un festival de música clásica y colaboró con la formación de la Orquesta Sinfónica de Puerto Rico y con la creación de un conservatorio de música. En San Juan Antiguo hay un museo dedicado a su vida y su música.

PEDRO ALBIZU CAMPOS
POLÍTICO

NACIDO: *12 de septiembre de 1891, Tenerías*
FALLECIDO: *21 de abril de 1965, Hato Rey*

Pedro Albizu Campos, huérfano de madre, ganó una beca para estudiar en Estados Unidos y finalmente obtuvo dos títulos en la Universidad de Harvard. Durante la Primera Guerra Mundial peleó en el ejército de EE.UU. Cuando regresó a Puerto Rico, empezó a participar en política, y en 1930 lo eligieron presidente del Partido Nacionalista. Los nacionalistas querían la independencia a todo precio, aunque fuera por medio de la violencia. A Albizu Campos lo acusaron de tratar de derrocar al gobierno estadounidense, y pasó varios años en prisión. Algunos estadounidenses lo consideraban un terrorista, los puertorriqueños que querían la independencia lo consideraban un héroe.

FELISA RINCÓN DE GAUTIER
POLÍTICA

NACIDA: *9 de enero de 1897, Ceiba*
FALLECIDA: *16 de septiembre de 1994, San Juan*

Felisa Rincón de Gautier, partidaria de la independencia puertorriqueña ingresó en la política durante la década de 1930.

Ayudó a formar el Partido Popular Democrático, que aún es el partido mayoritario de Puerto Rico. En 1946, llegó a ser la primera mujer electa como alcaldesa de San Juan, cargo que mantuvo por veinte años. Durante la década de 1950 se volvió famosa por los cargamentos de nieve que hizo transportar en avión a la ciudad para que los niños jugaran con bolas de nieve.

Luis Muñoz Marín
GOBERNADOR

NACIDO: *18 de febrero de 1898, San Juan*
FALLECIDO: *30 de abril de 1980, San Juan*

Luis Muñoz Marín, como Luis Muñoz Rivera, su padre, fue periodista y político. En la época en que colaboró con la fundación del Partido Popular Democrático, Muñoz Marín apoyaba la independencia de Puerto Rico. Sin embargo, más adelante apoyó firmemente la condición de estado libre asociado para la isla. Fue el primer gobernador electo de Puerto Rico, y mantuvo su cargo desde 1949 hasta 1965. En 1963, recibió la Medalla de la Libertad otorgada por la presidencia de EE.UU.

Luis Palés Matos
POETA

NACIDO: *20 de marzo de 1898, Guayama*
FALLECIDO: *23 de febrero de 1959, San Juan*

Considerado uno de los mejores poetas afroantillanos, analizó la vida y las inquietudes de los descendientes de esclavos africanos llevados a las Antillas. Publicó su primer libro de poesías cuando todavía era adolescente. Sus libros de poesías incluyen *Tuntún de pasa y grifería*. Algunas personas lo consideran el poeta puertorriqueño más grande del siglo XX.

Horacio Rivero
ALMIRANTE ESTADOUNIDENSE

NACIDO: *6 de mayo de 1910, Ponce*
FALLECIDO: *24 de septiembre de 2000, San Diego, CA*

Horacio Rivero fue el primer hispanoamericano que llegó a oficial de cuatro estrellas en las Fuerzas Armadas estadounidenses. Rivero fue almirante de cuatro estrellas de la Armada estadounidense. Se mudó al continente para asistir a la Academia Naval de EE.UU., donde se graduó en 1931. Durante la Segunda Guerra Mundial, sirvió en varias naves en el océano Pacífico y ganó dos medallas por su capacidad de liderazgo. Durante la década de 1950, comandó dos naves y tuvo cargos importantes en Washington, D. C. En 1955, lo nombraron contraalmirante, y en 1964, recibió el rango de cuatro estrellas. En 1972, después de retirarse de la Armada, fue embajador en España durante tres años.

Julia de Burgos
POETA

NACIDA: *17 de febrero de 1917, Carolina*
FALLECIDA: *6 de julio de 1953, Nueva York, NY*

Julia de Burgos escribió poesías sobre temas muy variados, desde amor hasta política. Su obra tuvo influencia de Pablo Neruda, un poeta y activista político chileno. Era miembro de un grupo de escritores de San Juan y publicó su primera colección de poemas en 1937. Su tercer libro ganó un premio del Instituto de Literatura Puertorriqueña. En 1940, se fue a Nueva York, donde escribió poesías y ensayos sobre temas políticos. Burgos estaba orgullosa de su herencia africana y trató el tema de la igualdad entre los sexos mucho antes que la mayoría de la gente de su generación.

RITA MORENO
ARTISTA

NACIDA: *11 de diciembre de 1931, Humacao*

Rita Moreno, que se llamaba Rosita Dolores Alberio, se ha destacado como cantante, bailarina y actriz. Cuando tenía trece años apareció por primera vez en Broadway y al año siguiente empezó a actuar en películas. Quizás sea más conocida por actuar como Anita en el musical *West Side Story (Amor sin barreras)*, que muestra la vida de los puertorriqueños que viven en la ciudad de Nueva York. Moreno fue la primera persona que ganó los cuatro premios más importantes de la industria del entretenimiento: el Tony (teatro de Broadway), el Emmy (televisión), el Grammy (música) y el Oscar (películas). El primero de los dos premios Emmy lo ganó por su trabajo en *El Show de los Muppets* en 1977.

ROBERTO CLEMENTE
BEISBOLISTA

NACIDO: *18 de agosto de 1934, Carolina*
FALLECIDO: *31 de diciembre de 1972, entre San Juan y Nicaragua*

Para los puertorriqueños, Roberto Clemente es un gran deportista y un héroe nacional. Clemente jugó como jardinero exterior en los Pirates de Pittsburgh desde 1955 hasta 1972. Durante su carrera, fue cuatro veces campeón de bateo de la Liga Nacional y ganó doce Guantes de Oro por su fildeo. En 1966 lo eligieron jugador más valioso de la liga y en 1971, MVP de la Serie Mundial. En el último partido de la temporada de 1972, Clemente dio el batazo número treinta mil de su carrera, un hito que alcanzan sólo los más grandes bateadores. Ese invierno, Clemente murió en un accidente de aviación mientras transportaba ayuda para las víctimas de un terremoto en Nicaragua. En 1973, en honor a su trabajo en el campo de juego y fuera de él, se convirtió en el primer puertorriqueño en integrar el Salón de la Fama del Béisbol Nacional.

ANTONIA NOVELLO
DOCTORA

NACIDA: *23 de agosto de 1944, Fajardo*

Antonia Novello estudió medicina en Puerto Rico y luego, a principios de la década de 1970, se fue a Estados Unidos. Enseñaba pediatría, rama de la medicina que se ocupa de los niños, en la Universidad de Georgetown en Washington, D. C. Le interesaba particularmente el tratamiento de niños con SIDA. En 1989, el presidente George Bush la nombró jefe de la Dirección General de Salud Pública de EE.UU. (consejero principal del presidente en temas relacionados con la salud). Novello fue la primera mujer y la primera persona hispana que ocupó ese cargo. Después de terminar su labor en el gobierno en 1993, trabajó un tiempo para las Naciones Unidas y fue profesora. En 1999, George Pataki, el gobernador de Nueva York, la nombró comisionada de salud pública del estado.

OTRAS ÁREAS PERIFÉRICAS

Datos breves

Samoa Estadounidense (AS)

Samoa Estadounidense está compuesta de siete islas pequeñas que pertenecen a un grupo mayor llamado islas Samoa. Samoa Estadounidense, ubicada en el océano Pacífico sur, está a 2,300 millas (3,700 km) al suroeste de Honolulú (Hawai). Las islas son el único territorio estadounidense ubicado al sur del ecuador.

En 1900, la Armada estadounidense tomó el control de la isla Tutuila, y en los años siguientes, EE.UU. pasó a controlar las islas vecinas. Los nativos de Samoa Estadounidense y de otras islas del Pacífico sur son polinesios. En las islas se habla el samoano, que es un idioma polinesio, y el inglés. La mayoría de los residentes son nativos samoanos, y hay algunos blancos, asiáticos y nativos de la cercana isla de Tonga. Las industrias más importantes incluyen el turismo y el procesamiento del atún. Los cultivos principales son las verduras, las nueces y la fruta.

Se convirtió en territorio de EE.UU.
16 de febrero de 1900

Capital — **Población**
Pago Pago (Tutuila) 4,278

Población total (2000)
57,291 – *Entre 1990 y 2000 la población de Samoa Estadounidense aumentó un 22 %.*

Condados importantes — **Población**
Tualauta 22,025
Ma'oputasi 11,695
Lealataua 5,684
Ituau 4,312
Sua 3,417

Superficie
77 millas cuadradas (199 km^2)

Lema
Samoa Muamua le Atua *En samoano significa «En Samoa, Dios está primero».*

Himno oficial
Amerika Samoa *de Napoleon Andrew Tuiteleleapaga y Mariota Tiumalu Tuiasosopo; adoptado en 1950.*

Planta oficial
Ava. *Las raíces de la planta, también llamada kava, se usan para preparar una bebida que tiene un papel importante en los acontecimientos sociales y religiosos de Samoa Estadounidense. La ava se usa también en medicina para disminuir la tensión nerviosa.*

Flor oficial
Pandano. *También llamada ula-fala*

Lugares para visitar
Santuario marino nacional de la Bahía de Fagatele (Tutuila). *La bahía de Fagatele alberga muchos peces tropicales, como el pez loro y el pez mariposa. Desde junio hasta septiembre las ballenas jorobadas retozan en las cálidas aguas del océano.*

Datos breves

Estado libre asociado de las Islas Marianas del Norte (CNMI)

Las Islas Marianas del Norte incluyen las islas principales de Saipan, Tinian y Rota, y varias islas más pequeñas. Son parte de un grupo de islas del océano Pacífico llamadas Micronesia. Las Islas Marianas del Norte están al oeste de la línea internacional de cambio de fecha, así que están adelantadas un día con respecto a Estados Unidos. Están justo al norte de Guam y comparten con este territorio de EE.UU. una historia y cultura similar.

Durante la Segunda Guerra Mundial, Estados Unidos tomó el control de estas islas y luego las gobernó gracias a un acuerdo que elaboró con las Naciones Unidas. Poco a poco, el gobierno de EE.UU. dio a las Islas Marianas del Norte mayor control sobre sus propios asuntos. Las industrias más importantes son el comercio, los servicios y el turismo. Los principales cultivos son las frutas y las verduras.

Como en Guam, los primeros residentes de la isla, fueron los chamorros. Hoy, la mayor parte de la población tiene origen asiático. Se habla inglés y chamorro, así como carolino, un idioma de Micronesia.

Se convirtió en estado libre asociado
3 de noviembre de 1986

Capital	Población
Saipan	62,392

Población total (2000)
69,221 – *Entre 1990 y 2000 la población de las Islas Marianas del Norte aumentó un 60 %.*

Islas importantes	Población
Saipan	62,392
Tinian	3,540
Rota	3,283

Superficie
179 millas cuadradas (464 km²)

Himno oficial
Gi Talo Gi Halom Tasi *en chamorro*, Satil Matawal Pacifico *en carolino; adoptado en 1996.*

Lugares para visitar
American Memorial Park, Saipan. *Durante la Segunda Guerra Mundial, en Saipan se libró una sangrienta batalla entre las fuerzas estadounidenses y las japonesas. Hoy, el American Memorial Park rinde homenaje a los soldados estadounidenses y los civiles de Saipan que murieron durante la lucha. El parque, manejado por el Servicio Nacional de Parques y el gobierno de las Islas Marianas del Norte, tiene una lista con más de cinco mil nombres inscriptos en memoria de los que murieron allí y en las islas cercanas. También tiene vastos terrenos donde los residentes y los visitantes pueden correr, jugar al tenis, nadar y asistir a conciertos.*

PUERTO RICO 39

Datos breves

Guam (GU)

Guam es la más grande de las Marianas, una cadena de islas del océano Pacífico occidental ubicada a 3,700 millas (5,950 km) al oeste de Hawai. La isla está al oeste de la línea internacional de cambio de fecha, por lo que está adelantada un día con respecto a Estados Unidos.

Guam, junto con Filipinas y Puerto Rico, fue uno de los antiguos territorios de España que después de la guerra Hispano-estadounidense quedaron bajo el control de EE.UU. Durante la Segunda Guerra Mundial, los japoneses ocuparon la isla por casi tres años. Desde entonces, los militares de EE.UU. han mantenido varias bases en la isla, y el gobierno es una fuente de empleo importante para los habitantes de Guam. Otras industrias importantes son el turismo y la construcción. Los principales cultivos son distintas clases de verduras y frutas.

Los primeros residentes de Guam fueron los chamorros. Hoy la habitan mayormente filipinos, chamorros y caucásicos. En la isla se habla el idioma chamorro, el inglés y el japonés.

Se convirtió en territorio de EE.UU.
10 de diciembre de 1898

Capital — Población
Hagatña 1,100

Población total (2000)
154,805 – *Entre 1990 y 2000 la población de Guam aumentó un 16 %.*

Distritos importantes — Población
Dededo 42,980
Yigo 19,474
Tamuning 18,012
Mangilao 13,313
Barrigada 8,652

Superficie
210 millas cuadradas (544 km²)

Lema
«Donde empieza el día de Estados Unidos»

Himno oficial
Stand Ye Guamanians, *también llamado* The Guam Hymn, *de Ramon Manalisay Sablan; adoptado en 1919.*

Ave oficial
Tottot. *También llamado tilopo de Marianas*

Flor oficial
Puti tai nobio. *También llamada buganvilla*

Lugares para visitar
Isla Cocos. *La isla Cocos, una pequeña isla situada frente a la costa sur de Guam, es un lugar popular para la natación, los baños de sol y los picnics. En el del siglo XVII, cerca de la isla se hundió un barco español que llevaba oro, plata y joyas, y ahora los buzos están buscando el tesoro en el agua.*

Datos breves

Islas Vírgenes Estadounidenses (VI)

Las Islas Vírgenes Estadounidenses comprenden St. Thomas, St. Croix, St. John y cincuenta islas más pequeñas ubicadas a 70 millas (113 km) al este de Puerto Rico. Estados Unidos se las compró a Dinamarca en 1917 por $25 millones. Las industrias más importantes de las islas son el turismo y la producción de ron, artículos textiles y derivados del petróleo. Entre los cultivos están las verduras y las plantas ornamentales. La mayoría de los residentes son afroamericanos o hispanos. El lenguaje oficial es el inglés, pero también se habla español, francés y criollo, un idioma de las Indias Occidentales.

Se convirtió en territorio de EE.UU.
31 de marzo de 1917

Capital — Población
Charlotte Amalie (St. Thomas)..11,000

Población total (2000)
108,612 – *Entre 1990 y 2000 la población de las Islas Vírgenes aumentó un 7 %.*

Islas importantes — Población
St. Croix 53,234
St. Thomas 51,181
St. John 4,197

Ciudades importantes — Población
Charlotte Amalie 11,004
Christiansted 2,637
Frederiksted 732

Superficie
134 millas cuadradas (347 km²)

Himno oficial
«Virgin Islands March» *de Alton A. Adams, adoptado en 1963. La letra de esta canción recogió las sugerencias del público y luego se adaptó a una melodía de Adams, nativo de St. Thomas y primer afroamericano que fue director de la banda de la Armada estadounidense.*

Ave oficial
Mielero. *También llamado azucarero y platanera.*

Flor oficial
Saúco amarillo. *También llamado cedro amarillo o corneta amarilla.*

Lugares para visitar
Parque nacional de las Islas Vírgenes. *Este parque nacional cubre más de la mitad de St. John y también incluye la isla Hassell, ubicada frente a St. Thomas. En St. John, los turistas pueden explorar las ruinas de edificios coloniales dinamarqueses y ver objetos que usaban los caribes, nativos que vivían en la isla antes de la llegada de los primeros colonos europeos. El parque también tiene selvas tropicales y hermosas bahías llenas de arrecifes de coral.*

LÍNEA CRONOLÓGICA

Puerto Rico
y otras áreas periféricas
Un vistazo a la historia

1493
Cristóbal Colón reclama Puerto Rico para España.

1511
Los indígenas taínos se rebelan contra el dominio español.

1508
Juan Ponce de León dirige el primer asentamiento español.

1518
Los españoles permiten por primera vez que se lleven esclavos africanos a la isla.

1521
Se funda la ciudad de San Juan.

1539
Comienza la construcción de la fortaleza de El Morro.

1625
Fuerzas holandesas atacan Puerto Rico.

1809
Puerto Rico elige su primer representante ante las Cortes españolas.

1868
En Lares tiene lugar una revolución fallida por la independencia.

1873
Abolición de la esclavitud.

1898
Los puertorriqueños forman su primer gobierno independiente, el gobierno de EE.UU. toma el control de la isla.

1898
Guam pasa a ser territorio de EE.UU.

1600 | **1700** | **1800**

1492
Cristóbal Colón llega al Nuevo Mundo.

1607
El Cap. John Smith desembarca con tres barcos en las costas de Virgina y funda Jamestown, el primer asentamiento inglés en el Nuevo Mundo.

1754–1763
Guerra contra la alianza Franco-Indígena.

1773
Motín del Té de Boston.

1776
El 4 de julio se adopta la Declaración de Independencia.

1777
El Congreso Continental adopta los Artículos de Confederación.

1787
Se redacta la Constitución de EE.UU.

1812–1814
Guerra de 1812.

Estados Unidos
Un vistazo a la historia

1900 La ley Foraker establece el control civil estadounidense sobre Puerto Rico.

1900 Samoa Estadounidense pasa a ser territorio de EE.UU.

1917 Estados Unidos compra las Islas Vírgenes a Dinamarca.

1948 Por primera vez los puertorriqueños eligen a su propio gobernador, Luis Muñoz Marín.

1952 Puerto Rico vota para pasar a ser un estado libre asociado de EE.UU.

1967 Los votantes de Puerto Rico eligen mantener la condición de estado libre asociado.

1972 Roberto Clemente, la estrella del béisbol, muere en un accidente de avión.

1976 El Congreso de EE.UU. modifica algunas leyes impositivas para beneficiar a las compañías estadounidenses radicadas en Puerto Rico.

1986 Las Islas Marianas del Norte pasan a ser un estado libre asociado.

1993 Los votantes de Puerto Rico eligen nuevamente mantener la condición de estado libre asociado.

1998 El huracán Georges causa serios daños en Puerto Rico; los votantes eligen de nuevo mantener la condición de estado libre asociado.

2000 Sila Calderón pasa a ser la primera mujer electa como gobernadora de Puerto Rico.

1800 — **1900** — **2000**

1848 El oro descubierto en California lleva a 80,000 buscadores a la fiebre del oro de 1849.

1861–1865 Guerra Civil.

1869 Se termina el Ferrocarril Transcontinental

1917–1918 EE.UU. interviene en la Primera Guerra Mundial.

1929 La quiebra del mercado accionario da inicio a la Gran Depresión.

1941–1945 EE.UU. interviene en la Segunda Guerra Mundial.

1950–1953 EE.UU. pelea en la guerra de Corea.

1964–1973 EE.UU. interviene en la guerra de Vietnam.

2000 George W. Bush gana las elecciones presidenciales más reñidas de la historia.

2001 Un ataque terrorista deja miles de muertos y heridos, después de que cuatro aviones secuestrados se estrellan contra el World Trade Center, en la ciudad de Nueva York, el Pentágono y en territorio de Pensilvania occidental.

▼ **La ciudad y el puerto de Ponce como se veían en la década de 1890.**

SUCESOS Y ATRACCIONES

Festivales y diversión para todos

Feria de Artesanos, Barranquitas
Todos los meses de julio, llegan a Barranquitas artesanos de todo Puerto Rico a vender sus productos.
agueybana.net/Pages/
Catagory%20pages/
What's%20Happening.htm

Festival Casals, San Juan
Este festival de dos semanas, fundado en 1957 por el gran violonchelista Pablo Casals, presenta una variedad de música clásica ejecutada por músicos locales e internacionales.
www.usairways.com/travel/destinations/
caribbean/calendar_location.htm#SanJuan

Festival del Acabe del Café, Maricao
Todos los meses de febrero, Maricao celebra la fiesta del cultivo de café. Los visitantes escuchan música folclórica, admiran artesanías y aprenden recetas nuevas con café.
http://www.puertoricoinfo.com/yrevents.htm#top

Día del Descubrimiento de Puerto Rico, toda la isla
Uno de los días feriados más importantes de Puerto Rico es el 19 de noviembre, el día del Descubrimiento, que recuerda el día que Colón desembarcó en la isla por primera vez. Se hacen desfiles, comidas y otras fiestas.
http://www.puertoricanlife.com/
article1031.html

Fiesta de Santiago Apostól, Loíza
Todos los meses de julio, los ciudadanos de Loíza rinden homenaje a san Jaime con una fiesta que dura diez días. En ella se refleja la cultura afroamericana de Puerto Rico por medio de música, danzas y caretas coloridas.
www.prfrogui.com/home/
loizacar.htm

Festival de Máscaras de Hatillo, Hatillo
Todos los meses de diciembre los residentes de Hatillo representan la historia bíblica del rey Herodes. El festival de Hatillo, que se realiza el día de los Santos Inocentes, incluye comidas, música y artesanías.
www.carlsontravel.com/Destinations/Puerto_Rico/
puertorico1.htm

Festival de Jazz, San Juan
Desde 1991, algunos de los músicos de jazz más importantes del mundo se han presentado en este festival anual que se realiza a fines de la primavera. Los conciertos se centran en el jazz latino, que combina los ritmos de la música latinoamericana con los instrumentos tradicionales del jazz, y *jams*, o largos solos.
www.prheinekenjazz.com/

44 BIBLIOTECA DE LOS ESTADOS

Carnaval del Mabí, Juana Díaz

En otro tiempo Juana Díaz fue famosa por la caña de azúcar y los granos de café. Hoy es conocida por el mármol... y por esta fiesta de abril. El mabí es una bebida hecha de la corteza del catire. En esta fiesta se preparan comidas, desfiles y danzas.
travel.yahoo.com/p/travelguide/92318

Carnaval de Ponce, Ponce

Este carnaval previo a la Cuaresma es uno de los mejores de Puerto Rico. A la fiesta se suman grandes carrozas, máscaras y una variedad de danzas.
www.elcoquigifts.com/maskvejigante1.asp

Regata Internacional de Puerto Rico, Fajardo

Todos los meses de marzo compiten veleros de todo tamaño que parten de Fajardo, el centro de la navegación recreativa de Puerto Rico. Luego de la regata, o serie de carreras de veleros, todo el mundo desembarca para participar de las comidas, la música y las danzas.
www.printernationalregatta.com/notice_of_regatta.html

Medio Maratón San Blas, Coamo

El Medio Maratón San Blas atrae a algunos de los corredores de larga distancia más importantes del mundo. El recorrido empinado de 13.1 millas (21.1 km) es un reto para los corredores. La carrera es parte de un festival que rinde honor al santo patrono de la ciudad.
welcome.topuertorico.org/city/coamo.shtml

▶ Además de sus festivales y días festivos propios, los puertorriqueños el 4 de julio celebran el día de la Independencia de EE.UU. con desfiles y danzas.

Día de San Juan Bautista, San Juan

El primer nombre español de Puerto Rico fue San Juan Bautista. Muchas ciudades celebran este día, pero la fiesta que se hace en San Juan el 24 de junio es la más grande de todas. A la media noche, la gente se tira tres veces de espaldas en el mar, porque se supone que esto da buena suerte.
www.festivals.com/01-01-january/patronsaint/endeavor.cfm

Festival de la Caña de Azúcar, San Germán

Cada mes de abril, San Germán, la segunda ciudad fundada por los españoles, celebra el Festival de la Caña de Azúcar durante todo un fin de semana. Se presentan comidas, danzas y música tradicionales.
travel.yahoo.com/p/travelguide/92315

Día de los Tres Reyes Magos, toda la isla

Los puertorriqueños, como muchos hispanos, el 6 de enero celebran una fiesta católica romana llamada Epifanía, o día de los Tres Reyes Magos. En todos los lugares de la isla, algunos hombres se visten como los tres reyes magos que llevaron regalos al niño Jesús. Los reyes de ahora reparten regalos a los niños del lugar y las familias se reúnen para celebrar una comida.
www.puertorico-herald.org/issues/2001/vol5n49/HolidayTrad-en.shtml

PUERTO RICO 45

MÁS ACERCA DE PUERTO RICO Y OTRAS ÁREAS PERIFÉRICAS

Libros

Bernier-Grand, Carmen T. *Shake It, Morena! And Other Folklore from Puerto Rico (¡Baila, morena!, y otras costumbres folclóricas de Puerto Rico).* Brookfield, CT, Millbrook Press, 2002. La autora transmite cuentos, canciones y adivinanzas que fue aprendiendo a medida que crecía en Puerto Rico.

Harlan, Julia. *Puerto Rico: Deciding Its Future (Puerto Rico decide su futuro).* New York, Twenty-First Century Books, 1996. Analiza el tema de la estadidad de Puerto Rico y las inquietudes de los isleños que viven en Estados Unidos.

Manning, Ruth. *Juan Ponce de León.* Chicago, Heinemann Library, 2000. Una biografía del explorador que dirigió el primer asentamiento español en Puerto Rico.

Silva Lee, Alfonso. *Coquí and His Friends: The Animals of Puerto Rico (Coquí y sus amigos: Los animales de Puerto Rico).* St. Paul, Pangaea, 2000. Una descripción de algunos de los cientos de animales que hay en Puerto Rico, escrita en inglés y en español.

Sitios Web

▶ El Boricua, un sitio Web cultural.
www.elboricua.com/index.html

▶ Puerto Rico Herald: noticias y temas.
www.puertorico-herald.org

▶ Gobierno de Guam: cultura, geografía y población.
ns.gov.gu

▶ Gobierno del estado libre asociado de las Islas Marianas del Norte: población, geografía e información turística.
www.mariana-islands.gov.mp

▶ Oficina del gobernador de Samoa Americana: historia y acontecimientos.
www.asg-gov.com

Videos

Puerto Ricans (Puertorriqueños). Schlessinger Media 1993. Una mirada a los puertorriqueños que viven en Estados Unidos.

Puerto Rico: History and Culture (Puerto Rico, historia y cultura). Video Knowledge Learning Library, 2000. Historia y tradiciones culturales de Puerto Rico.

ÍNDICE

Nota: Los números de página en *bastardilla* remiten a mapas, ilustraciones o fotografías.

A
Abbad y Lasierra, Iñigo, 14
acontecimientos, *44*, 44–45, *45*
Adams, Alton A., 41
aeropuerto, 25
Agaña (Guam), 40
agricultura, 8, 22, *23*, 24, 25
Albizu Campos, Pedro, 13, 34, *35*
alcalde, 28, 36
Alonso, Manuel, 32, 33
Álvarez Chanca, Diego, 8
Alverio, Rosita Dolores, 37, *37*
American Memorial Park, 39
Amerika Samoa (himno), 38
animales, 22
animales, 6, *6*, *18*, *19*, 20–21
Antillas Mayores, 18
arawak, 8
árboles, 6, *6*, 20, 22, 40
Arecibo (PR), 6, 7
Armada de EE.UU., 36, 38
Armada española, 10, 34
arquitectura, 30
arte, 30–31, *31*
Artés, Félix Astol, 6
asiáticos, *15*, 39
Atabey (diosa), 16
atracciones, 7, 38, 39, 40, 41. Véase también cultura; acontecimientos; parques
ava (kava), 38
ave oficial, 6, 40, 41

B
Báez, Myrna, 31
Bahía de Fagatele, Santuario marino nacional de la, 38
Bayamón (PR), 6
Betances, Ramón Emeterio, 11, 34
Borinquén, 8
Borinqueña, La (himno nacional), 6, 18
bosques, 19. Véase también El Yunque, selva tropical de
Burgos, Julia de, 33, 36–37
Bush, George, 37

C
Cabo Rojo, Refugio nacional de vida silvestre de, 21
café, 22, *24*
Caguas (PR), 6
Caja de Muertos, Isla, 18
Calderón, Sila, 22, 43
Cámara de Representantes de EE.UU., 28
Cámara de Representantes, 27, 28
caminos, 25
Campeche, José, 30–31
campesinos. Véase jíbaros
caña de azúcar, 22
Caparra (PR), 9
Caribe, Bosque nacional del, 7
caribes, 8
Carnaval de Ponce, 45
Carnaval del Mabí, 45
Carolina (PR), 6
carolino (idioma), 39
Carraízo (Loíza), 19
Casa Blanca, 9
Casals, Pablo, 32, 35, *35*, 44
Castillo San Felipe del Morro, 7
catolicismo romano, 17, 45
Cavernas del Río Camuy, Parque de las, 7, 19, *30*
ceiba, 6, *6*
Centro Ceremonial Indígena de Tibes, 7
Cerro de Punta, 18, 19
ciudadanos estadounidenses, 26
Clara, Caverna, *30*
Clemente, Roberto, 37, 43
clima, 4, 19
Club Río Mar, *18*
Cocos, Isla, 40
Colombia, 14
Colón, Cristóbal, 8–9, 11, 42, 44
Collado, Ramón, 6
comisionado residente, 28, 29
compañías farmacéuticas, 24, *25*
comunicaciones, 22, 25
Constitución de EE.UU., 26
Constitución del Estado Libre Asociado de Puerto Rico, 26
coquí (rana arbórea), 6, *6*, 21
Cordillera Central, 18–19
Cortes (asamblea legislativa española), 34, 42
criollos, 10
Cuba, 12, 14
Culebra, Isla de, 18, 21
cultura, 4, *30*, 30–33, *31*, *32*, *33*
chamorros, 39, 40

D
Dávila, Virgilio, 30
Democracia, La (periódico), 29
deportes, 8, 33, 37
Descubrimiento de Puerto Rico, Día del, 44
Diego, José de, 35, *35*
dinoflagelados, 7
distribución por edades, 14

E
economía, 13, 22–25, *23*, *24*, *25*
educación, 16, 17
El Grito de Lares, 11–12
El jíbaro (Virgilio), 30
El Morro, Fortaleza de, *4*, 7, *12*
El Toro, Monte, 19
El Yunque, Selva tropical de, 7, 19, *19*, 20, 21
elecciones, 11, 27, 34
Epifanía, 45
esclavitud, 12, 42. Véase también esclavos africanos contrabandistas, 10, 11
esclavos africanos, 9, 10, 15, 17, 30, 36, 42
España, 8–12, 34, 42
español, Idioma, 16, 17
españoles, 17, 22, 30–31, 32
espiritismo, 17
espíritus, 17
estado libre asociado, Condición de, 4, 6, 29, 43
Estados Unidos, 12–13, 26, 41, 42–43

F
Feria de artesanos, 44
Fernández Juncos, Manuel, 6
Ferrer, Rafael, 31
ferrocarril, 25
Festival Casals, 44
Festival de Jazz, *44*, 44–45
Festival de la Caña de Azúcar, 45
Festival de Máscaras de Hatillo, 44
Festival del Acabe del Café, 44
festivales, *15*, *44*, 44–45, *45*
flor de maga, 6, *6*
flor oficial, 6, *6*, 38, 40, 41
Florida, 11

G
Gautier Benítez, José, 33
Georges, Huracán, 13, *21*, 43
Gi Talo Gi Halom Tasi (himno), 39
gíbaro, El (Alonso), 32, 33
gobernador, 13, 26–27, 30, 36
gobierno de EE.UU., 20, 25, 35, 39
gobierno, 22, *23*, 25, 26–29, *27*, *29*
Gran Depresión, 13
grupos extranjeros, 14
guacamayo escarlata, *19*
Guajataca, Lago de, 19
Guam, 4, 40, *40*, 42
Guaynabo (PR), 6
Guerra Mundial, Segunda, 36, 39, 40

H
Hassell, Isla, 41
Hato Rey (distrito), 25
herencia, *14*, 14–15, *15*
Hernández Colón, Rafael, 30
himno nacional, 6, 18
himno, 6, 18, 38, 39, 40, 41
hispanos, 14–15, *15*
historia, 8–13, *9*, *10*, *11*, *12*, *13*, 42–43
holandés, 10, 42

I
idiomas, 16, 39. Véase también español, idioma; inglés, idioma
Lares (PR), 11
ifilele (árbol), 40
Iglesia protestante, 17
Igneris, 8
impuestos, 13, 24, 26, 43
Independencia de EE.UU., día de la, 45, *45*
independencia, 11–12, *13*, 13, 26, 29, 34, 35, 36, 42
Indias Occidentales, 18
indígenas, 7, 8, *15*, 30, 31, *31*. Véase también taínos
industria química, 24, *25*
industria, 38, 39, 41. Véase también economía
inglés, Idioma, 16, 17, 30, 39
ingleses, 10
inmigración, 14
Instituto de Cultura Puertorriqueña, 31
Internacional Luis Muñoz Marín (aeropuerto), 25
Islas Marianas del Norte, 4, 39, *39*, 43

PUERTO RICO 47

Islas Marianas del Norte, Estado libre asociado de las (CNMI), 39, *39*
Islas Vírgenes Estadounidenses, 4, 18, 41, *41*, 43
Islas Vírgenes, Parque nacional de las, 41
islas: Los mundos de los puertorriqueños, Las, (Steiner), 34

J
Jaime, San, 44
Japón, 39, 40
jefe de la Dirección General de Salud Pública de EE.UU., 7, 37, *37*
jíbaros, 11, 32, 33
Juan Bautista, San, 9, 45
Juan es su nombre (lema), 6
Juegos Olímpicos de Invierno, 33

K
karst, Región de, 19
kava (ava), 38

L
La Española, 11, 18
La Fortaleza, 7, 9
La Plata, 19
lagos, 19
lema, 6, 38, 40
ley Foraker, 43
ley Jones, 13
línea internacional de cambio de fecha, 39, 40
literatura, 32–33, 35, 36. *Véase también* personalidades
Luquillo, Sierra de, 19
lluvia, 19

M
Manalisay Sablan, Ramon, 40
manatí, *18*
manufactura, 13, 22, *23*, 24, *25*
mapas, 5, *20*, *23*
Marín, Luis Muñoz, 13, 26
Mayagüez (PR), 6, 34
Medalla de la Libertad de la Presidencia de EE.UU., 36
medicamentos, 24, *25*
Medio Maratón San Blas, 45
mestizos, 9–10
Micronesia, 39
mielero (ave oficial), 41
militares de EE.UU., 25, 36, 39, 40
Milla de Oro, 25
minería, *23*, 24. *Véase también* oro

Mona, Isla de, 7, 18
montañas, 18–19
Moreno, Rita, 37, *37*
municipalidades, 28
Muñoz Marín, Luis, 36, *36*, 43
Muñoz Rivera, Luis, 29, *29*, 33, 35
museos, 31, *33*, 35
música, 31–32, *32*, 35, *44*, 44–45

N
Novello, Antonia, 7, 37, *37*
Nuevo Día, El (periódico), 25

O
O'Reilly, Alejandro, 11
Observatorio de Arecibo, 7, *18*, 19
Olimpíadas, 33
Oller, Francisco, 31
Operación Fomento, 13, 24
orgánico (cultivo), 24
organismos bioluminiscentes, 7, *7*
oro, 9, 10, *10*, 11
Orquesta Sinfónica de Puerto Rico, 35
Ostiones, 8

P
Pago Pago (Tutuila), 38
Palés Matos, Luis, 36
palmita de sierra, 20
pandano (flor), 38
Parguera, 7
Parque Ceremonial Indígena de Caguana, *31*
Parque de Bombas, Estación de bomberos, *33*
parques, 7, 19, *30*, *31*, 39
Partido Autonomista, 29, 35
Partido Independentista Puertorriqueño, 29
Partido Nacionalista, 13, 35
Partido Nuevo Progresista, 29
Partido Popular Democrático (PPD), 29, 35, 36
Partido Unionista, 35
partidos políticos, 28–29
Pataki, George, *37*
periódicos, 29
personalidades, *34*, 34–37, *35*, *36*, *37*
pesca, 22, 24
petroglifos, 30, *31*
piratas, 7
plantas, 19–20, 38
población afroamericana, 15, *15*, 31, 32
población, 6, 7, 10, *14*, 14–15, *15*, 38, 39, 40, 41

poder ejecutivo, 26–27
poder judicial, 27–28
poder legislativo, 27, 28
polinesios, 38
Ponce (PR), 6, 13, 31, *33*
Ponce de León, Juan, 9, 11, *11*, 32, 42
Power y Giralt, Ramón, 34, *34*
producto bruto interno, *23*
Puente, Tito, 32
Puerto Rico, Fosa de, 18
puertorriqueños, 4, 11. *Véase también* personalidades
Puti tai nobio (buganvilla), 40

R
Regata Internacional de Puerto Rico, 45
reinita (ave oficial), 6
religión, 8, 9, 15, 16–17, 44, 45
representación nacional, 28
República Dominicana, 14
reservas de vida silvestre, 21
Rincón de Gautier, Felisa, 35–36
ríos, 19
Rivero, Horacio, 36
romano, Catolicismo, 17, 45
Rota, Isla, 39

S
Saipan, Isla, 39
Salón de la Fama del Béisbol Nacional, 37
salsa, 32
Samoa Estadounidense, 4, 38, *38*, 43
Samoa Muamua le Atua (lema), 38
Samoa. *Véase* Samoa Estadounidense
samoano, Idioma, 38
San Cristóbal, *19*
San Juan (PR), 6, 10, 14, *16*, 19, 25, 31, 42
San Juan Antiguo, 30, 35
San Juan Bautista, 9
San Juan Bautista, Día de, 45
Santa Isabel (PR), 19
santería, 17
Santiago Apostól, Fiesta de, 44
Santos Inocentes, Día de los, 44
santos, 15, 17, 31
Santurce (PR), 31
saúco amarillo, 41
secretario de estado, 27
Senado de EE.UU., 28
Senado, 26, 27, 28
servicios, 22, *23*, 24–25

silvicultura, 22
St. Croix, Isla, 41
St. John, Isla, 41
St. Thomas, Isla, 41
Stand Ye Guamanians (himno), 40
Steiner, Stan, 34
superficie, 6, 18, 38, 39, 40, 41

T
taínos, indios, 7, 8, 9, *10*, 16, 17, 30, 31, *31*, 32, 42
temperatura, 19
territorio, *18–19*, 18–21, *20*, *21*, 22, 24
The Guam Hymn (himno), 40
Tinian, Isla, 39
Tonga, 38
Toro Negro, 20
Tottot (ave oficial), 40
transportes, 22, *23*, 25
Tren Urbano (servicio de trenes de pasajeros), 25
Tres Reyes Magos, Día de los, 45
tribunal de primera instancia de EE.UU., 28
Tribunal Supremo, 27
Truman, Harry, 13
Tuiasosopo, Mariota Tiumalu, 38
Tuiteleleapaga, Napoleon Andrew, 38
Tuntún de pasa y grifería (Palés Matos), 36
Turabo, Valle de, 19
turismo, 25, 38, 39, 40, 41
turpial de hombros amarillos de Puerto Rico, 21
Tutuila, Isla, 38

U
Universidad de Harvard, 35
Universidad de Puerto Rico, 17, 24
Universidad del Caribe, 17
Universidad Interamericana, 17
Universidad Politécnica de Puerto Rico, 17

V
vehículos, 25
videos, 46
Vieques, Isla de, 18
Virgin Islands March (himno), 41
votantes, 27, 29

W
West Side Story (Amor sin barreras) (película), 37